立德树人的福建探索

——第二批福建省大学生思想政治教育创新示范项目

主　编◎王建南
副主编◎陈晓风
编　委◎修德茂　陈晓斌　谢秋运

海峡出版发行集团 THE STRAITS PUBLISHING & DISTRIBUTING GROUP
福建人民出版社 FUJIAN PEOPLE'S PUBLISHING HOUSE

图书在版编目（CIP）数据

立德树人的福建探索．第二批福建省大学生思想政治教育创新示范项目/王建南主编．—福州：福建人民出版社，2018.4

ISBN 978-7-211-07979-7

Ⅰ.①立… Ⅱ.①王… Ⅲ.①大学生—思想政治教育—研究—福建 Ⅳ.G649.2

中国版本图书馆 CIP 数据核字（2018）第 067178 号

立德树人的福建探索

LIDE SHUREN DE FUJIAN TANSUO

——第二批福建省大学生思想政治教育创新示范项目

主　　编：王建南
责任编辑：余祥草
出版发行：海峡出版发行集团
福建人民出版社　　**电　　话**：0591-87533169(发行部)
网　　址：http://www.fjpph.com　　**电子邮箱**：fjpph7211@126.com
地　　址：福州市东水路 76 号　　**邮政编码**：350001
经　　销：福建新华发行（集团）有限责任公司
印　　刷：福州万达印刷有限公司
地　　址：福州市仓山区金山大道 618 号橘园洲工业园 19 号楼
开　　本：700 毫米×1000 毫米　1/16
印　　张：14.5
字　　数：197 千字
版　　次：2018 年 4 月第 1 版　　**印　　次**：2018 年 4 月第 1 次印刷
书　　号：ISBN 978-7-211-07979-7
定　　价：50.00 元

序

中共福建省委教育工委书记
福建省教育厅党组书记、厅长　林和平

国无德不兴，人无德不立。《大学》有言，“大学之道，在明明德，在亲民，在止于至善”，足见自古以来，立德树人就是中华民族的精神传承和不懈追求。

习近平总书记指出，基础教育是立德树人的事业，要旗帜鲜明加强思想政治教育、品德教育，加强社会主义核心价值观教育；高校立身之本在于立德树人，要坚持把立德树人作为中心环节，把思想政治工作贯穿教育教学全过程。这些重要论述，为我们准确把握“培养什么样的人、为谁培养人、如何培养人”这个根本问题，提供了遵循，指明了方向。总书记在视察福建时指出，“福建没有理由不把教育办好”。办好福建教育，首要就是全面贯彻党的教育方针，坚持立德树人，培养担当民族复兴大任的时代新人。

福建历来重视教育，崇文尚德蔚然成风，素有“东南邹鲁”美誉。近年来，省委、省政府牢记总书记殷切嘱托，始终不渝地把教育摆在优先发展的战略地位，全面深化教育综合改革，加快教育现代化。省委于伟国书记强调，“挺”教育就是“挺”未来、“挺”发展、“挺”民生，多次强调教育要为新福建建设提供人才支持和智力支撑。“才者，德之资也；德者，才之帅也。”堪为“人才支持和智力支撑”者，必然是“德才兼备”的高素质人才。有鉴于此，全省教育系统坚持以立德树人为根本，以理想信念教育为核心，以社会主义核心价值观为引领，以全面提高人才培养能力为关键，一体化、系统化、长效化推进中小学德育和高校思想政治教育工作。

一枝独秀不是春，百花齐放春满园。在各级党委政府的重视支持下，在各级各类学校的共同努力下，全省教育系统立德树人氛围日益浓厚、成效日益显著，一些工作日渐成为亮眼的品牌。为进一步交流学习、共同提升，省委教育工委、省教育厅采取项目化、品牌化运作模式，组织开展了“大学生思想政治教育创新示范项目”“高校辅导员工作精品项目”“高校校园文化建设优秀成果”“社会主义核心价值观教育案例”“中小学德育改革示范项目”等立项建设工作。在此基础上，结集出版“立德树人的福建探索”系列丛书，以期引领推动立德树人事业百尺竿头更进一步。

这套丛书，再现了全省高校思想政治教育、中小学德育工作者的实践探索和工作创新。这其中，既有聚焦课堂主渠道的教改项目，也有拓展第二课堂的育人举措；既有特色鲜明的主题教育，也有形式多样的网络思政；既有模式新颖的综合性项目，也有个性突出的特色性项目。细细品读，他们以生为本、春风化雨、润物无声的育人探索跃然纸上，令人欣慰、感动、温暖。衷心希望这套丛书，能给广大教育工作者以启迪，能给全省教育工作以鞭策，并以此进一步推动立德树人根本任务落细、落小、落实。

目　录

思想育人

实践育人

文化育人

网络育人

服务育人

老马带青马，发挥关工委育人优势，培育一批青年马克思主义信仰者

厦门大学

习近平总书记在全国高校思想政治工作会议上指出，“现在的高校学生大多是‘95后’，再过两年，新世纪出生的青少年也将走进高校校园。他们朝气蓬勃、好学上进、视野宽广、开放自信，是可爱、可信、可为的一代，对当代高校学生，党和人民充分信任、寄予厚望”，并强调“他们处在人生成长的关键时期，知识体系搭建尚未完成，价值观塑造尚未成型，情感心理尚未成熟，需要加以正确引导”。在纪念教育部关工委成立25周年暨第五次工作会议上，习近平总书记作出重要指示，强调“要弘扬‘五老’精神，尊重‘五老’，爱护‘五老’，学习‘五老’，重视发挥‘五老’作用，推动关心下一代事业更好发展”，要“坚持服务青少年的正确方向，推动关心下一代事业更好发展，支持和帮助青少年成长成才，团结教育广大青少年听党话、跟党走”。

一、项目主题与思路

一直以来，厦门大学深入学习贯彻习总书记系列重要讲话精神和关心下一代工作重要指示精神，实施大学生马克思主义理论自主学习行动计划，开展“老马带青马”建设工程，充分发挥关工委政治优势、理论优势、资源优势等，指导学生马克思主义理论研修班建设，培养一批青年马克思主义信仰者。学校共举办了7期学生马克思主义理论研修班（以下简称马研班），培养了515名思想政治素质过硬、政策理论水平较高、综合能力全面、理想信念坚定的青年马克思主义信仰者。

二、实施方法与过程

（一）老“马”识途——发挥政治优势，规范党员管理

学校关工委老同志都是老共产党员、老马克思主义者，具有坚定的共产主义信念。学校邀请关工委老同志全程参与马研班红色先锋党支部建设，充分发挥老“马”识途的政治优势，有效规范党员管理。

关工委老同志为马研班学员授课

一是规范党内组织生活。学校关工委老同志担任特邀党建组织员，充分发挥老“马”识途的政治优势，全程参与马研班红色先锋党支部建设，指导党支部开展党员管理工作。坚持“三会一课”制度，关工委老同志列席党员大会、党支部委员会议，结合党的十八大以来历次全会精神和“全国高校党建工作会议”“全国高校思想政治工作会议”等重要会议精神的学习，为支部党员上党课。据不完全统计，截至2017年9月，老同志已给近万名大学生讲授坚定理想信念的党课50余次；马研班红色先锋党支部成立以来，老同志参加各类专题组织生活会10余场，引导支部成员深入开展批评与自我批评，认真查摆问题，深刻剖析根源，明确整改方向，确保马研班红色先锋党支部组织生活规范，有实质性内容，能针对性地解决支部党员的实际问题。

二是关心党员成长成才。推进关工委老同志和党小组结对子，让关工委老同志与每个党小组深入交流，全面了解和掌握支部党员基本情况，从政治、思想、学习和生活上关心支部党员，帮助他们解决学习和生活中遇到的实际困难。尊重党支部党员的主体地位，充分调动党员的积极性，支持支部党员广泛参与马研班建设管理工作，引导党员在实践锻炼

中砥砺前进。老同志指导马研班组织举办了纪念建党95周年“学党史、知党情、跟党走”党史知识竞赛和“党旗指引我，青春献祖国”党的十八大知识竞赛，开展了“弘扬一二·九精神，争做时代新青年”知识问答与展示纪念感言活动和“让雷锋精神在青春中闪光”“红色基因，我们传承”主题演讲会等主题活动。

（二）一“马”当先——发挥理论优势，坚定理想信念

习近平总书记指出，“事业发展没有止境，学习就没有止境”，作为青年马克思主义者要“把系统掌握马克思主义基本理论作为看家本领”。学校关工委有一批资深的马克思主义学者，具有丰富的知识储备，发挥这一理论优势，引导马研班学员一“马”当先学习马克思主义理论，能有效强化理论武装，坚定理想信念。

关工委老同志指导马研班进行小组讨论

一是指导马研班原原本本地研读经典著作。学校充分发挥关工委老同志信念坚定、知识渊博的优势，引导马研班学员坚持不懈地用科学理论武装头脑，原原本本学习党章党规，学习习总书记系列重要讲话精神，学习马克思主义经典原著。关工委协同老教授协会、马克思主义学院、学生工作部共同制定马研班学习计划，亲自为马研班授课讲授《资本论》《共产党宣言》《习近平谈治国理政》《德意志意识形态》等经典理论著作，并结合经典著作指导学生广泛开展专题讨论。7年来，关工委老教授、老专家共为马研班授课70余场，参与专题研讨会110余场，推荐经典著作140余部。

二是指导马研班持之以恒地开展理论学习。在马研班内遴选学员成立马列经典著作读书社，邀请关工委老同志担任社团指导老师，引导学生把握好学习社团的政治方向，指导社团开展读书活动。每学期开设红色经典品读、理论难题释疑、阅读方法分享、阅读成果孵化、理论涵养提升5大专题学习项目，引导学员深化对马克思主义经典著作及马克思主义中国化最新理论成果的认识，正确掌握马克思主义的立场、观点和方法。同时，马研班将有思想、有水平、有意愿的学员组建成“演武评论”网络文化工作室，依托微信公众号“厦大马研班”的专栏定期在线上发布读书心得、时政评论。关工委老同志定期和读书会党员交流学习心得，引导马研班学员真正做到学懂、学实、学久，勇于在网络上传播正能量，唱响好声音。

（三）“马”不停蹄——发挥资源优势，促进知行合一

习近平总书记指出：“只有坚持知行合一，不断让思想自觉引导行动自觉、让行动自觉深化思想自觉，才能抓得实、做得深、走得远。”关工委老同志在开展实践教育方面有时间、经验等方面的资源优势。发挥这一资源优势，“马”不停蹄地开展社会实践，能有效促进马研班学员学做结合、知行合一。

一是指导马研班积极开展志愿服务。主动设计志愿服务项目。关工委老同志协同学生工作处、校团委主动为马研班量身定制“亮身份、见行动、争先锋”专题志愿活动项目，强化马研班学员的政治意识、大局意识、核心意识、看齐意识，时刻把为人民服务放在心上，以求真务实的态度做好人民的“勤务员”。组织开展图书修复、社区讲学、“阳光春蕾”小学支教活动、“爱心包裹，温暖你我”包裹劝募活动等主题鲜明的志愿活动60余项。主动参与重要志愿服务项目。每年校庆期间，马研班学员都主动加入志愿者行列，全程陪护返校老校友，并引导游客文明用餐、文明游校园。“莫兰蒂”台风重创厦大校园，马研班第一时间召集学员参与救灾。厦门金砖会晤期间，马研班志愿者助力金砖添彩厦门，始终站岗在第一线，赢得了良好的社会口碑。

二是指导马研班积极开展社会实践。开展暑期红色主题社会实践。学校组织马研班学员在第一年研修结束后前往红色圣地开展主题实践，关工委老同志全程指导并参与马研班组织的社会实践活动。自 2010 年组织开展马研班社会实践以来，关工委每年都选派经验丰富的老同志赴井冈山、遵义、延安开展主题社会实践活动。在建党 95 周年暨红军长征胜利 80 周年之际，关工委 4 名老党员跟随马研班共赴遵义开展为期 9 天的“重走长征路·坚定跟党走·共筑中国梦”的主题社会实践。开展海外专项实践。学校组织马研班学员在第二年研修结束后前往海外开展专项实践。2017 年 9 月，关工委老同志远赴万里跟随马研班前往新加坡、马来西亚开展“一带一路战略下中国与东南亚国家发展新机遇”的专项社会实践。学校组织马研班学员利用周末时间，前往周边地区开展农村精准扶贫、重访革命圣地等专项考察，依托交叉学科的优势提供智力支持。开展日常主题实践。每逢重要时间节点，马研班都开展“学在人先，争当先锋”专题实践，如在烈士纪念日组织党员祭扫福建省第一个党支部书记罗扬才烈士墓等。

关工委老同志指导马研班开展社会实践

三是指导马研班开展专题调研。马研班将课题调研打造为促进学员发挥先锋模范作用和服务社会的有效载体，按照“高年级带低年级、文史类搭配理工科、学科交叉覆盖”的原则组队，根据参考选题范围，结合专业知识和理论研修，分别就马克思主义理论、思想政治教育、志愿服务工作、网络文化建设等方面的问题进行课题设计，开展课题调研，邀请关工委老同志担任支部课题调研指导老师，全程参与课题申报、答辩、指导和结项工作，全方位指导马研班成员找准立项切入点，提升实践调研成效。

三、主要成效及经验

在关工委的指导下，马研班培养了一批优秀的青年马克思主义信仰者，正逐步形成万“马”奔腾的人才培养局面。

一是打造红色理论先锋。截至目前，马研班共举办读书会27次，撰写读书笔记1855篇，撰写专业论文72篇，其中2篇论文发表在二类核心期刊《中国农村研究》和《当代青年研究》，并有30余项课题调研成果获得厦门大学吴宣恭科研奖学金，3篇论文荣获“纪念中国共产党建党95周年暨红军长征胜利80周年”理论征文比赛优秀论文奖，2个党支部课题分别被福建省共青团和福建省高校辅导员专业委员会课题立项。

二是打造红色实践先锋。1次社会实践被团中央学校部评为“最具影响好项目”荣誉称号，并荣获2016年全国大中专学生暑期“三下乡”社会实践优秀团队，3次社会实践被评为福建省大学生“三下乡”暑期优秀社会实践队。2017年4月，学生马克思主义理论研修班被厦门大学发文通报表扬。

三是打造红色服务先锋。7年来，马研班学员参与的志愿服务项目达205项，服务时长超过2万个小时，人均志愿服务时间高出厦门大学学生平均服务时间40％。2016年，马研班成员中有1名党员荣获“福建省高校优秀共产党员”，5名党员荣获“厦门大学优秀共产党员”，3名党员荣获院级优秀共产党员。

四、下一步加强和改进的计划

一是打造“一体四翼”的建设格局。青年马克思主义人才培养是一项系统工程，需要综合利用各方面的优势资源，着力构建“一体四翼”的建设格局。即以“学生马克思主义理论研修班”为主体，继续深入开展理论研修、志愿服务、社会实践活动；以“红色先锋党支部、马列经典著作读书会、马研班校友会和演武评论网络文化工作室”为四翼。班级内部设置红色先锋党支部，以党支部为载体，深入开展“两学一做”学习教育；组建马列经典著作读书会，定期开展读书沙龙活动；整合马研班毕业校友资源，成立马研班校友会，持续跟进马研班学员的成长；成立“演武时评”网络文化工作室，发表时政评论，传播网络正能量，传递马研班好声音。

二是完善“六位一体”的培养体系。以培育具备“世界眼光、中国情怀、时代发展”的人才为目标，秉承坚持正确方向、坚持立德树人、坚持传承创新、坚持引领社会的培养理念，强调以知促行，知行合一，形成理论学习、社会实践、课题调研、志愿服务、主题教育、持续培养“六位一体”的培养模式，继续推进遴选马研班优秀学员前往新加坡、马来西亚等国家和地区进行调研，培养学生拥有仰望星空的理想信念，又有脚踏实地的实干能力，成长为社会主义事业的合格建设者和可靠接班人。

三是优化“三全育人”的人才培养模式。继续统筹校关工委、党委党校、党委组织部、宣传部、学生工作部、研究生院、教务处、校团委、校友总会的资源，引导多个部门“全员、全过程、全方位”参与马研班人才培养，让青年马克思主义人才培养成为各部门的工作共识。

构建大学生马克思主义理论自主学习立体化模式

福建师范大学

一、项目主题与思路

在全国高校思想政治工作会议上，习近平总书记强调："要坚持不懈传播马克思主义科学理论，抓好马克思主义理论教育，为学生一生成长奠定科学的思想基础。"既要"用好课堂教学这个主渠道"，又要"运用新媒体新技术使工作活起来，推动思想政治工作传统优势同信息技术高度融合，增强时代感和吸引力"。福建师范大学始终坚持立德树人的根本任务，依托全国重点马克思主义学院的师资力量，以理论社团开拓理论学习新气象，以"青马易战"引领理论学习新时尚，以项目建设树立理论学习新品牌，以实践体验丰富理论学习新形式，以课外活动延伸理论学习新课堂，推动思想政治教育两个课堂同向同行、网络思想教育平台互联互通、思想政治教育成果共建共享，全方位、立体式推进青年学生自主学习马克思主义理论，着力培养又红又专、德才兼备的社会主义合格建设者和可靠接班人。

二、实施方法与过程

（一）以理论社团开拓理论学习新气象

学校始终坚持组建理论学习社团共同学习和青年学生个人自学相结合，打造省内领先、全国知名的理论实践学习性学术社团，引领青年学生树立坚定理想信念和远大抱负。学校依托学生工作部、校团委、马克思主义学院等，组建成立学生中国特色社会主义理论研究会（前身是邓小平理论和“三个代表”重要思想研究会，成立于1997年）、青年学生理论研读俱乐部（成立于2014年）、马列经典著作读书社（成立于2014年，福建省高校首批重点马克思主义理论读书社）、中共党史读书社（成立于2016年，福建省高校首批重点马克思主义理论读书社）等四个校级大学生马克思主义理论学习社团组织，以及若干个学院理论学习研究会和读书会，旨在通过理论学习社团的共同学习，组织青年学生深入学习和研究马克思主义理论，引导青年学生做经典著作的阅读者、经典文化的传播者和经典理论的践行者，帮助青年学生筑牢成长成才的精神支柱和理想信念，培养青年学生的政治敏锐性和洞察力，引导青年学生树立起正确的世界观、人生观和价值观，做马克思主义的坚定信仰者、学习者、传播者和建设者。在日常的理论学习过程中，学生中国特色社会主义理论研究会等理论学习社团，组织青年学生结合时政热点要闻、重要文件精神、重要讲话精神等，定期制定并发布理论学习议题，如纪念抗战胜利70周年，纪念红军长征胜利80周年，学习习近平总书记《摆脱贫困》书籍，学习全国两会精神等。鼓励青年学生利用课余时间，在教室、图书馆、宿舍开展自主学习，并在“青马易战”轻应用中投放相应题目，以挑战任务方式鼓励学生利用碎片化时间进行答题自学。在学生自学的基础上，再通过理论学习会、草地读书会、学术交流会、理论研讨会、知识竞赛等形式，开展组织共学，实现理论学习在青年学生中常态化、科学化、生活化和实效化，取得了良好效果。

学生开展“摆脱贫困与青年使命”读书座谈会

（二）以“青马易战”引领理论学习新时尚

学校主动迎合时代发展，积极应用新媒体平台，将线下的理论学习活动与线上的网络思想教育活动相结合，着力打造全新的理论宣传与理论学习新平台。2017 年 4 月，学校结合校情，基于易班应用开放接口，在全国高校中率先研发并上线了集思想性、学习性和趣味性于一体的易班特色轻应用——“青马易战”移动端软件。该轻应用将学校开设的思想政治理论课程、形势与政策课程的课堂学习内容，转化为简单明了的选择题、判断题和是非题等，分批引入应用软件，并将学生答题准确率情况作为平时成绩，计入相应思想政治理论课的期末成绩（占 20%～30%），较好实现了第一课堂和第二课堂活动的联动互通互促，打破了理论学习的时空限制，为学生提供了一个线上学习马克思主义理论的新途径，实现理论学习的碎片化、灵活化、趣味化和生动化。为确保答题内容的科学性，学校成立“青马易战”轻应用专家组，校党委分管领导担任顾问，马克思主义学院等博士生导师担任学术指导，分课目聘请题库指导老师，加强轻应用的学术指导和题库建设。学生在思想政治理论课第一课堂的学习情况，可以通过该应用进行碎片化、趣味化答题，对知识进行巩固、检验。思想政治理论课教师可以通过答题情况，观察了解学生对课堂知识的掌握程度，及时发现课堂教学内容的薄弱点以及学生存在的主要问题，进而有针对性地改进思想政治课课堂教学。

福建师范大学“青马易战”上线仪式

（三）以项目建设树立理论学习新品牌

学校鼓励各学院理论学习社团将理论学习与项目建设相结合，将理论学习与专业学习相结合，以项目化方式支持校级理论学习社团和学院理论学习活动，鼓励学院将学科专业背景融入马克思主义理论的学习中。在学校层面，构建学校—学院—年级—班级层层覆盖的金字塔式理论学习模式，实施学生学习习近平总书记系列重要讲话的“草地读书会”品牌项目，定期组织学习习近平总书记在经济、政治、社会、教育等方面的讲话精神，引导学院根据学校的学习主题，在年级、班级开展学习活动。在学院层面，推行“一院一品”计划，用项目化方式支持学院结合专业特色，开展理论学习特色项目、创新项目的建设。要求各个学院认真规划，充分整合资源，培育特色，既要结合学校定期制定的项目主题，体现学生课余理论学习特点和要求，又能紧密结合学院的学科专业，把在理论学习中已实际开展并取得阶段性成效的典型经验和特色做法，加以总结，形成在校内具有一定的影响力、具有较强推广借鉴价值和示范作用的系列活动，形成理论学习活动品牌项目，在每个学院培育至少一个理论学习品牌，形成特色化、项目化、品牌化的理论学习新机制。目前，在学院层面已形成“大话时政”、“公务员模考大赛”（公共管理学院）、“理论研读俱乐部”（马克思主义学院）、“时政先锋”（地理科学学院）、“微视前沿”（数学与信息学院）等理论学习特色品牌，部分项目已在全校范围内进行培育和推广。

（四）以实践体验丰富理论学习新形式

学校致力将第二课堂的理论学习活动与各类社会实践相结合，建立课内实践与课外实践、全员覆盖与重点扶助、学科特色与综合协作相结合的三层立体实践模式，在制度、经费上予以支持和保障。校学生中国特色社会主义研究会等理论学习社团经常组织学生到福建省档案馆、福建省革命历史纪念馆、各地市爱国主义教育基地等稳定的校外社会实践教学基地进行社会考察。学校鼓励辅导员考取思想政治理论课博士，参与“形势与政策”“大学生职业生涯规划”“就业指导”“心理健康教育”等课程教学实践活动，将教学实践与日常学生教育、管理、社会实践等工作相结合，提升教育管理服务能力。思想政治理论课教师每年都带领课程学习优秀的学生到长汀、福安、宁化、瑞金等具有丰富红色文化资源的地区，接受党的优良传统教育。思想政治理论课教师还与学校团学系统干部、各学院的辅导员一起参与寒暑假社会实践活动，带领广大学生干部深入乡村、城镇、企业等，感受马克思主义理论对经济社会发展的重要指导作用和成果。了解各地各行业组织开展理论学习的基本情况、存在问题和对策建议等，努力形成有价值、有深度的理论学习调研系列报告。通过理论学习与社会实践的有机结合、相互促进，进一步帮助学生加深对理论知识的认识和掌握，增强学习理论、践行理论的自觉性和积极性。

（五）以课外活动延伸理论学习新课堂

学校坚持将思想政治理论课第一课堂的教育教学与第二课堂的日常思想政治教育活动相结合，引导思想政治理论课教师主动延伸课堂，引导学生课外理论学习活动主动对接课堂教学，实现两个课堂齐头并进、同向同行。校党委书记、校长每学期坚持给学生上思政课，学校定期召开思想政治理论课教师与辅导员联席会议，每学期开课前辅导员与思想政治理论课教师共同交流研究学生的思想动态以及关注的时政热点，邀请思想政治理论课教师参加辅导员沙龙等，为两个课堂协同推进学生理论学习奠定了良好的基础。我校思想政治理论课教师主动延伸课堂，担任“一‘马’当先”大学生学习马克思主义理论知识竞赛、“马克思主义能给予我们什么”等理论征文及演讲、“青马易战”轻应用以及各类学生课余理论学习

福建师范大学学生开展马列经典诵读活动

社团的指导老师。学校各部门、各学院主动对接课堂教育，积极组织课外理论学习活动，引导思想政治理论课教师参与青年学生“两会”精神学习知识竞赛、“时政先锋”理论学习、“模拟考公”公务员模拟应聘、“福师青年说”时政论坛等各类理论学习活动。通过教学主题延伸、师资力量延伸、教育方式转变等途径，活跃课余理论学习活动。思想政治理论课教师参与学生理论学习活动，不仅提升课余理论学习的深度和广度，也让教师能够充分了解学生的所思所想，完善课堂教学的内容，达到反哺课堂教育活动的目的。

三、主要成效及经验

（一）主要成效

学校推动构建全方位、立体式的大学生自主学习马克思主义理论新模式以来，在校园内营造浓厚的学习、研究、宣传马克思主义理论的良好氛围。广大同学纷纷加入校学生中特会、各种理论读书社、学习社等自主理论学习组织，通过学习研讨、撰写论文、参与学校组织的理论时评、担任学生理论宣讲团成员等方式，与其他同学共同分享自己的学习体会、提升自己的理论水平。在2017年全省大学生思想政治状况滚动调查中，我校90%以上青年学生能清醒认识马克思主义理论在我国的重要地位以及对个人成长发展的重要作用，对一些基本理论问题有正确的判断和认识。在省委教育工委组织的第一季、第二季全省高校大学生学习马克思主义理论“一马当先”知识竞赛中，我校学生都积极参与，先后有1名本科生、1名研究生获得总决赛冠军，并曾获得团体一等奖。校中共党史读书社和马列经典著作读书社两个读书社获批“福建省高校首批重点马克思主义理论读书社”。线上通过“青马易战”在学生中创新推动马克思主义理论自主学习计划的相关经验做法，先后刊登在教育部和福建省教育厅的网站。全校学生积极参与“青马易战”答题，截至2017年8月31日，全校已有8880名学生通过易班绑定“青马易战”轻应用，参与答题共29804人次，在青年学生中取得良好的反响，有效提升了青年学生对马克思主义理论，对中国特色社会主义理论的认同。

近些年来，学校每个月定期制定并发布理论学习议题，鼓励青年学生利用课余时间开展自主学习，撰写理论征文，共征集到大学生理论学习优秀论文约2000篇，评选一、二、三等奖约350余篇，汇编优秀论文集18本，召开理论学习研讨会10余次，刊发《理论学习动态》电子刊物20余期。近3年来评选理论学习先进集体24个，先进个人60余人次，理论学习特色项目9个，20年来培养了一大批理论研究的青年学生，其中优秀学生已经成长为福建省理论宣传战线的重要力量。

（二）主要经验

1. 要注重与思政课第一课堂的协同融合

思想政治理论课是大学生系统接受马克思主义理论教育的主要渠道。在推进大学生自主理论学习过程中，要善于将思政课的教育教学延伸到日常思想政治教育中，构建第一课堂和第二课堂相互衔接、同向同行的机制和途径。尤其要注重通过第二课堂丰富多彩的活动，激发、调动学生学习马克思主义理论的自主性、积极性，反哺、对接、融合第一课堂的教学内容，相互借力融会贯通，既拓展了第一课堂的内涵和外延，也有效增强了学生自主理论学习的指导性、方向性和科学性，可达到事半功倍的效果。

2. 要与时俱进创新理论学习的平台与载体

理论学习本身相对比较枯燥乏味，理论对个人成长的指导作用也要通过相当长的时间才能得到体现。在推动学生自主理论学习过程中，要在确保理论学习的知识性同时，不断增强学习的趣味性、生动性，持续吸引青年学生进行学习。要着力改进主题演讲、主题征文、知识竞赛、学习交流等传统枯燥的理论学习模式，不断创新、拓展理论学习的新平台、新载体。用科研项目的方式让学生参与理论学习，在实践中体验感受理论，发挥网络新媒体增强自主理论学习的时代感、科技感、娱乐感，从而让青年学生更加喜欢学、快乐学、持续学。

3. 要积极构建学生自主学习理论的激励机制

学校通过问卷调查、学生访谈、课题研究等方式，深入研究大学生理论学习的主动性状况，认为要推动大学生自主学习马克思主义理论行动计划，除了依赖学生既有的学习理论的内在原生动力外，还需整合学生工作系统现有的评优资源和激励措施，多角度激发学生理论学习的主动性和积极性。可以将青年学生自主理论学习参与情况，作为思政课第一课堂实践环节，进行承认与计算成绩。可以通过开展理论学习先进集体与个人评选展示，在学生中树立自觉学习理论的先进典型，并充分发挥榜样的示范带头作用。可以利用线上理论学习平台，构建即时化、动漫式、趣味性强的理论学习成果反馈模式，并结合时下流行的积分升级和兑换等娱乐游戏元素，进一步提升学生自主理论学习的热情和积极性。

四、下一步加强和改进的计划

（一）进一步完善思政课教师指导学生自主理论学习的方式和途径

学校将以持续推动青年学生自主学习马克思主义理论为重点，进一步完善思政课第一课堂与第二课堂相互融合同向同行的机制，推动思想政治教育队伍相互连接，实现双合共通。争取出台思想政治理论课教师参与学生第二课堂理论学习活动的鼓励措施，实现两个课堂协作的经常化、规范化和体系化。

（二）进一步加强学生自主理论学习的线上线下平台建设

学校将以校学生中特会、理论研读俱乐部、理论读书社建设为重点，进一步加强对各级学生自主理论学习组织的指导和支持力度，用项目建设的方式，争取创建更多更优的自主理论学习品牌。进一步加强“青马易战”线上理论学习平台建设，对轻应用各项功能进行扩充、完善，丰富题目的类型、形式，定期发布具有挑战性和“赏金”项目，不断优化用户体验和答题趣味性。进一步加强理论时评平台建设，组建学生理论骨干评论员队伍，经常性针对校内外的理论热点问题、重大时事问题以及校园热点焦点问题，主动发声。探索构建学生发表网络理论原创文章的激励机制，进一步激发学生理论学习的原生动力，既培养锻炼学生理论骨干，又让学生在应用理论分析观察现实问题中加深对理论的认识，同时还可以强化校园舆论引导的理论性和针对性，进一步丰富了网络思想政治教育平台的内容供给。

（三）进一步探索学生自主理论学习的实践体验模式

学校要在已经开展的理论社会实践试点基础上，每年暑期持续组织部分学生理论骨干，通过社会调查、实践体验、志愿服务等，实地感受科学理论对地方经济社会发展的重要指导作用，坚定道路自信、理论自信、制度自信、文化自信。争取在理论教育资源比较丰富的地区，建立1—2个相对稳定的理论实践点。同时进一步完善大学生自主理论学习实践体验的相关制度，拓宽大学生社会实践平台，从经费、人员、场地上保障实践育人计划可以覆盖到大多数青年学生。

构建“三个阵地”，实现“全员育人”，打造社会思潮教育“大课堂”

福建工程学院

福建工程学院开展社会思潮教育，是学校党委认真学习贯彻习近平总书记在 2013 年 8 月 19 日全国宣传思想工作会议上的重要讲话精神，分析研究高校思想政治工作面临的形势与挑战后提出来的。近年来，学校党委坚持以习近平总书记系列重要讲话精神为指导，认真贯彻落实中央、省委对加强思想政治教育工作的要求，以开展社会思潮教育作为落实“两个巩固”的深化之举，作为全面推进大学生思想政治教育创新的有力抓手。开展社会思潮教育，也是根据当前我国经济社会发展的现状、高校思想政治教育主体——大学生所体现的时代特征和群体性格、信息化社会发展的趋势，大胆进行意识形态教育创新变革的一项举措。自 2014 年我校正式开展社会思潮教育以来，目前已经构建了“思政课第一课堂”“学生社团活动第二课堂”“网络云课堂”三个阵地，形成了学科建设、社会实践、教学改革共同参与的发展格局，把社会思潮教育做成了当前学校“全员育人”的一项工作品牌，打造了全校师生参与的“大课堂”。

一、项目主题与思路

（一）社会思潮教育的重要性

社会思潮属于社会意识形态的范畴，是社会生活的重要内容和影响社会变化的重要因素。随着我国改革开放的深入，社会思潮不断分化整合，它们将与马克思主义长期共存，这是一个不容忽视的基本态势。当下是社会思潮交锋最为活跃的时代，多元社会思潮相互激荡，对我国的社会发展和人们的思想观念产生了重大的影响，高校思想政治教育也由此受到强烈冲击。积极应对各种社会思潮的挑战，持续推进思想政治教育的改革创新，努力增强思想政治教育的实效性，显得十分重要。如果不主动占领社会思潮教育的阵地，让不符合高校育人目标的社会思潮影响了在校大学生，他们理想信念动摇，价值取向混乱，对各种社会问题产生困惑，他们的成长成才和高校的安定稳定势必会受到严重影响。

（二）开展社会思潮教育需要有“大思政”的工作格局

习近平总书记在全国高校思想政治工作会议上指出，“做好高校思想政治工作，要因事而化、因时而进、因势而新”。面对多元社会思潮的冲击和挑战，高校思想政治教育必须顺势而为、与时俱进，努力提高与社会发展变化和受教育者的发展成长需要的契合度，否则就会大大弱化思想政治理论教育的成效。对大学生进行社会思潮教育，需要群策群力，充分发挥“大思政”工作格局的优势。思想政治理论课是对大学生进行主流意识形态教育的主阵地和主渠道，面对汹涌来袭的社会思潮，思政课教师要敢于发声，充分利用思想政治理论中的科学原理批判、驳斥错误的社会思潮，主动回应大学生们的理论关切，自觉肩负起应担当的政治责任。学生教育管理干部和教师（包括辅导员、班导师），要在学生的日常教育管理中，坚持正确的政治立场，注重对大学生的思想引领，对一些社会思潮的错误观点敢于回应。学校的各门课程和广大教师都要守好一段渠、种好责任田，做到守土有责、守土负责、守土尽责，努力与主流意识形态教育同向同行，形成协同效应。“社会思潮教育”选修课是学校面向思想活跃的学生开设的社会思潮教育专题课程，专题内容的选择必须坚持意识形态性与教育体系科学性、连贯性与现实热点、政治性与学生关注度相结合的原则，通过教学使选课学生对相关社会思潮能正确理解和把握，对社会思潮的辨析能力得到提升。此外，党校、“青马班”、马克思主义理论学习社团等也是对大学生进行社会思潮教育的重要渠道。互联网技术和时下高校青年大学生对于社会实践的喜好，同样是社会思潮教育必须去正视和结合的因素。总之，要按照打通“两个课堂”，坚持“全员育人”，实现“线上线下”，协调“理论和实践”，确立“大思政”的工作格局，才能开展有效的社会思潮教育。

二、实施方法与过程

（一）抓住契机

2013年下半年，学校党委全面推行班导师制。为提高担任班导师的专业课教师、行政干部及工科背景辅导员的思想政治素质，组织马克思主义学院的骨干教师着手编写《社会思潮十讲——青年师生读本》，作为辅导员、班导师及青年师生的学习材料，并从2014年起面向全校学生开设选修课程。从课程构思到实施、深化，学校党委始终发挥着主导、把向的作用。校党委书记主持教材编写，开展专题试讲，为行政干部及班导师开设题为《努力增强广大教师对社会思潮的认知和辨别能力》的讲座，组织学生座谈听取意见并积极推进社会思潮课题研究与教材修改工作。以此为契机，全校上下形成共识，把社会思潮教育定位为我校开展大学生思想政治教育的一项品牌工程来打造。

思政课教师编写的教材

（二）分类教育

针对来自不同成长环境、专业背景的学生认识理解社会思潮存在的差异性，学校党委积极探索因类施教。一是面向全体学生。在发挥思想政治理论课主渠道作用的同时，渗透对社会思潮的分析阐释，提高学生运用马克思主义基本立场、观点和方法解决问题的能力。二是面向学生党员和学生骨干。通过党校、“青马班”、马克思主义理论学习社团等渠道，开展“一‘马’当先”知识竞赛等活动，引导学生进一步坚定“四个自信”，树立“四个正确认识”。三是面向思想活跃的学生。开设“社会思潮教育”选修课。由11位教授、博士组成教学团队，每期分别由8位教师专题授课。专题内容的选择始终坚持意识形态性与教育体系科学性、连贯性与现实热点、政治性与学生关注度相结合的原则。在教学过程中，教学团队注重以问卷调查、个案访谈、座谈会、作业分析等方式开展实证研究。2014年12月在面向全校学生发放的1200份问卷调查结果表明，猎奇心理和网络是大学生了解社会思潮的原因和主渠道，大学生对民主社会主义等主要社会思潮有一定的了解和认同。通过学生作业分析发现，学生对生态主义、宗教和新闻观的关注度较高。这些调查结论都被作为动态调整授课专题和内容的依据。

（三）打造阵地

第一，进课堂。作为大学生思想政治教育的主阵地，思想政治理论课的课堂，始终是对大学生进行意识形态和社会价值观教育最前沿的领域。实施社会思潮教育以来，由马克思主义学院牵头，在下辖的各个教研室备课计划中，结合每门课程特点，均加入了社会思潮相关的知识点，尤其注重学生的学科背景和职业发展需要，把社会思潮最核心的知识点导入日常授课，让思想政治教育的主课堂成为社会思潮教育的主阵地。第二，进社团。学生社团是校园文化建设的主力军，是学生在学期间“第二课堂”的主阵地。在学校党委指导下，校团委和马克思主义学院联合各个教学单位，全校每个学院均成立院级大学生理论学习社团，学校成立由马克思主义学院直接指导的理论学习社团，每个社团均开展和社会思潮教育相关的讲座、社会实践、演讲赛、辩论赛、小品、微电影、快闪等各类社团活动，让社会思潮教育不仅有料，而且有趣，让思想政治类的社团活动由安排学生参加变为学生主动参加。第三，进网络。目前，信息化社会已经不可避免地影响了当前高校师生的学习和生活，特别是近年来兴起的移动互联网重塑了人际关系和社会生活秩序，尤其对青年影响更甚。学校为了更好地开展社会思潮教育，在原来的校园新媒体阵地上，通过开展专题网络活动月、定期推送社会热点与社会思潮信息、录制社会思潮相关的网络公开课、开展思想政治类活动网络直播等带有互联网因素的工作方式，大力推动社会思潮教育“上网”，积极整合各类线下活动，让上网的社会思潮各项活动和教育内容“落地”，实现“线上线下”协同发展。

三、主要成效及经验

（一）促进思想政治教育的学科建设

学校党委将社会思潮研究与教育作为培育马克思主义学科的重要抓手。几年来，持续推动社会思潮的学理性研究，反哺和提升社会思潮教育“时、度、效”。马克思主义学院拥有了校级研究平台——当代社会思潮与思想政治教育研究所，形成了一支由 6 名教授、7 名博士组成的科研团队。团队成员先后获得教育部中国特色社会主义理论专项项目、福建省中国特色社会主义理论体系研究中心重点项目等省社科项目 8 项，省教育厅思想政治工作重点招标项目 1 项，发表论文多篇。2015 年，“社会思潮教育课程建设与改革研究”获省教育厅教改课题立项，《社会思潮十讲——青年师生读本》2014 年底被省委教育工委列为全省高校思政理论课辅助教材，2016 年获得福建省第十一届社会科学成果奖三等奖。学校在 2017 年省高校思想政治工作会上，做了开展社会思潮教育的典型经验介绍，“社会思潮教育”教学

“社会思潮教育”师生教学座谈会

科研团队被列为省级教学科研团队。目前，“社会思潮教育”已成为学校思想政治教育重要课程。

（二）涌现出一批理论学习先进师生

通过开展社会思潮教育，一批对于社会思潮感兴趣的师生，通过课堂教学、社团活动、网络参与，不仅掌握了各种有关社会思潮的最新知识和信息，提升理论水平和学术视野，而且积极运用到各自的学习和工作中，取得了不俗成绩。校大学生中特理论读书社被省委教育工委定为首批福建省高校理论学习示范社团；马克思主义学院的社会思潮课外教学基地“马江海战纪念馆”被评为首批“福建省高校思想政治理论课课外实践基地”；1位老师主讲的社会思潮相关的课程获首届省“形势与政策”课展演二等奖；18位各个教学单位学生理论学习社团的骨干获得各类校级以上的先进个人。

（三）“全员育人”蔚然成风

以“社会思潮教育”为纽带，以班导师制度为切入点，行政干部、思想政治理论课教师、政工干部均参与社会思潮相关的理论培训，同时能够结合各自的工作职责，互相配合，在“两个课堂”实现教学、科研和课外活动的密切合作，真正实现全过程育人，真正让学校的“全员育人”落在实处，形成了师生共同上社会思潮课，师生共同参与社会思潮活动的工作局面。

四、下一步加强和改进的计划

当代大学生正处在社会变动剧烈和社会意识多元的转型期，面对汹涌来袭的社会思潮对大学生的负面影响，我们一定要按照习近平总书记强调的“胸怀大局、把握大势、着眼大事，找准工作切入点和着力点，做到因势而谋、应势而动、顺势而为”的要求，努力寻求加强和改进思想政治教育的方法与路径，不断改革创新，确保社会思潮教育的针对性与有效性得到持续提升。

（一）努力按照习近平总书记为青年学生成长指引的方向，坚持以生

为本，改进提升社会思潮教育

习近平总书记高度重视青年学生的成长，希望广大青年面对世界的深刻复杂变化，面对信息时代各种思潮的相互激荡，面对纷繁多变、鱼龙混杂、泥沙俱下的社会现象，“要学会思考、善于分析、正确抉择，做到稳重自持、从容自信、坚定自励”。我们将以习近平总书记对青年学生成长的要求作为提升社会思潮教育水平的努力方向，进一步从实现中华民族伟大复兴与“两个一百年”奋斗目标的高度，强化以习近平总书记系列重要讲话精神为指导，来剖析与思考影响我国的各种社会思潮，以党中央治国理政新理念新思想新战略，来分析与评判各种社会思潮，增强对青年学生的引领。

（二）努力按照习近平总书记对高校思想政治工作的要求，坚持遵循规律，改进提升社会思潮教育

习近平总书记在全国高校思想政治工作会议上强调，思想政治工作要遵循“三大”规律，要求高校思想政治工作要教育引导大学生树立“四个正确认识”。我们将进一步从大思政格局出发，构建立体化的社会思潮教育体系。深入研究教师与大学生社会思潮教育的差异性，坚持推动广大教师特别是思政教师、政工干部科学理性认识社会思潮，让思想教育工作有可靠的理论支撑。深入研究大学生接受社会思潮教育的普遍性，坚持结合“四门”课面向全体学生开展社会思潮教育，着力解决树立“四个正确认识”中有疑惑的问题，让思政课有更强的现实针对性。深入研究部分大学生对社会思潮兴趣的特殊性，坚持因材施教，认清是非界限，澄清模糊认识，让善思考的学生有教师引领，让多疑问的学生有教师指导。

（三）努力按照习近平总书记对哲学社会科学发展的指示，坚持夯实基础，改进提升社会思潮教育

习近平总书记在哲学社会科学工作座谈会指出，面对社会思想观念和价值取向日趋活跃、主流和非主流同时并存、社会思潮纷纭激荡的新形势，如何做好“两个巩固”迫切需要哲学社会科学更好发挥作用。我

们将大力加强马克思主义学科建设，加强哲学社会科学学科基础理论建设，将社会思潮研究与教育作为马克思主义学科建设特色方向，加强其学术积累和学科积淀。同时，围绕坚定“四个自信”、坚持“两个巩固”，着眼社会现实和学生实际，加强对青年学生影响较大的社会思潮进行深入研究与剖析，及时回应学生关注和社会热点问题，增强理论上的批判性和实践上的辨析性。

红色 CEO：高校青年马克思主义者培养的新路径

泉州师范学院

一、项目主题与思路

习近平总书记在全国高校思想政治工作会议上指出："要下大决心培养一批立场坚定、功底扎实、经验丰富的马克思主义学者，特别是要培养一大批青年马克思主义者。"高校大学生党员是青年马克思主义者培养的主力军，如何加强大学生党员培养，造就一支政治过硬、本领高强的新时代中国特色社会主义事业的接班人，是一个非常重要的课题。泉州市非公有制经济发达，企业数量多、比重大，在整个经济总量中占据着"十分天下有其九"的重要地位，非公企业党建工作一直走在全国前列，但非公企业党务人才队伍建设远远滞后于地方经济的增长和企业的发展。泉州师范学院立足于贯彻落实习总书记讲话精神，根据泉州市非公企业需求和提升大学生党员就业质量等现实需要，按照"马列基础、人文素养、党建与思政能力、全局视野"的培养目标，采取校地企合作订单式培养模式等形式，培养"业务＋党建与思政实务"的高层次、高水平、高质量的红色 CEO（非公企业党务人才）。这在全国属于首创，也为泉州非公企业党务干部队伍建设注入新的活力。

二、实施方法与过程

（一）明确思路，凝练优势，搭建培养红色 CEO 平台

1. 泉州非公企业发展急需红色 CEO。泉州先后被中组部和中央党建工作领导小组秘书组确定为全国非公有制企业党建工作联系点。2010 年

9 月，习近平同志在福建调研视察时强调："希望泉州把联系点办成非公有制经济组织党的建设示范点。"据统计，泉州市目前非公有制企业和社会组织设立党的基层组织 14134 个（其中基层党委 629 个、党总支 468 个、党支部 13037 个），非公有制企业建立党组织 5106 个、党员 30829 名，党组织覆盖率 80.6%；社会组织党组织 656 个、党员 7147 名，党组织覆盖率 55.1%。这么多非公企业和社会组织党组织亟须配备一支党性强、业务精、有威信、肯奉献的党务工作者队伍。

2. 学校办学理念催生红色 CEO。泉州师范学院明确提出"根植泉州、服务泉州"的办学理念，主动适应泉州地方经济社会发展需要，服务泉州经济发展方式转变和产业转型升级。为此对专业群建设进行重新规划，更新人才培养观念，积极推动与产业、企业联合培养应用型人才，实现"企业用人标准与专业培养目标对接"。出台许多有关文件，如《关于印发泉州师范学院服务泉州经济社会发展行动计划的通知》（泉师院综〔2013〕4 号），推动学校为地方经济与社会发展作出贡献。

3. 凝练优势培养红色 CEO。一是拥有众多科研项目作为支撑。自 2012 年起，获批省市级人才培养专项课题 3 项，获批有关非公企业党建研究方面的省市级课题 8 项。此外，人才培养项目有关研究成果还获得省委教育工委"党支部工作立项"二等奖 1 项，省级大学生暑假社会实践活动优秀成果奖 1 项；泉州市课题调研二等奖 1 项以及学校教学成果奖一等奖 1 项。出版地方特色教材 2 部，另外 1 部即将在 2018 年 6 月由九州出版社出版。二是积累较丰富的培养红色 CEO 经验。在历经 5 年的红色 CEO 培养实践中，学校与晋江市委组织部等合作，按照"创新模式与方法，彰显优势与特色，强化管理与监控，重视过程与质量"的方针，实施订单式培养模式，迄今已经培养 3 批红色 CEO 学员 153 人，其中大部分在企业管理层从事"业务+党建与思政实务"岗位工作。

（二）整合资源，多方发力，完善培养红色 CEO 条件

1. 建设双师型师资队伍。一是从学校骨干教师中遴选。从全校挑选一批知识层次高、专业视野宽、学术造诣深、实践经验丰富的思政课教

师或党务工作者作为理论培训的骨干教师，通过选派到企业挂职、见习、兼职和调研等形式提高实践教学能力，以此造就一批精通学科理论与专业知识，具有较强的党建与思政能力和丰富的工作经验的“双师双能型”教师。二是从地方党委和企业党务干部中遴选。目前已聘请 19 位地方党委组织部门负责人和企业党务工作者为兼职教授和客座教授，其中有 7 位地方党委组织部门负责人和 12 位规模企业党组织书记，进一步优化师资队伍结构，为非公企业党务人才培养提供坚强有力的保障，从根本上提升实践性教学的比重和层次，实现校内外无缝对接与良好互动。

2. 校地签约合作。培养红色 CEO 需要校地、校企合作，取得地方党委的大力支持是必不可少的关键环节。目前已经同晋江市、石狮市、台商区、鲤城区、丰泽区以及晋江市的经济开发区、龙湖镇、英林镇等两级地方党委建立校地合作关系，互设“非公企业党务人才培养研究基地”和“大学生党员企业党建实习实训基地”，与整个区域产业发展有效对接，畅通红色 CEO 学员进入企业实习实训的绿色通道。

2013 年 9 月泉州市委组织部在泉州师范学院成立非公有制企业党建理论研究基地

2014 年 7 月泉州师范学院在晋江盼盼食品集团建立“大学生党员非公党建实践基地”

3. 建立企业实践基地。为保障培养红色 CEO 常态化所需的校外实践，在泉州市各县市区规模企业建立实习基地 16 个，如晋江的优兰发集团、柒牌集团和劲霸集团，鲤城区的鸿星尔克公司、功夫动漫公司，石狮市富贵鸟集团等。

（三）拓宽渠道，科学选拔，确保培养红色CEO质量

1. 扩大项目影响。一是学校层面发动。学校高度重视，成立了培养红色CEO项目领导小组。相关部门经常利用党建与思政工作等有关会议加以宣传推介，要求二级学院大力支持。二是易班网专栏介绍。以“‘五点一线’培养红色CEO”为主线，从培植发力点、筑牢支撑点、找准切入点、扩大增长点、攀登制高点等五个方面进行全面介绍。三是在学校党校的每一期入党积极分子培训班开设培养红色CEO专题讲座，让更多的学生全面了解红色CEO项目的来龙去脉，吸引更多人参与到项目中来。

2. 拓宽渠道选拔。一是从大学生党员中选拔。已经举办3期订单式培养培训班，学校党委组织部发文部署，要求各个二级学院配合做好组织报名工作。二是从有关社团的会员中选拔。目前学校有马克思主义读书社、“青马工程”社团、未来红色CEO协会等学生社团组织。这些会员比较符合红色CEO培养定位要求，具备较扎实的政治理论功底，对从事企业党建与思政工作有较大兴趣，主动性强，可塑性也强。三是从校级选修课学员中选拔。项目负责人在全校开设“红色CEO：非公党建‘擎旗手’的培养与塑造”校选课，每期报名人数在100名左右。这些学员接受非公企业党建与思政工作系统理论培训，有较大优势。

3. 进行考核遴选。一是考核党建与思政工作基本知识。由马克思主义学院骨干教师出题，重点考核学员相关的理论功底是否扎实。二是考核企业管理基本知识。由工商学院骨干教师出题，重点考核学员有关企业经营管理的基本知识。三是组织面试。邀请非公企业党务干部参与，侧重考核学员工作技能和临场应变能力等综合素质。再根据综合得分，确定是否能获得红色CEO订单式培养培训班的学员资格。

（四）优化课程，强化实习，提升培养红色CEO水平

1. 优化课程设置。在理论课程和实务课程教学方面，主要由校内“双师双能型”教师讲授党建理论课程和交叉学科应用型课程，让学员掌握比较系统科学的非公企业党建知识。在实训课程教学方面，高效利用

优质资源，由受聘的兼职教授（副教授）的地方党委组织部门和企业党务工作者承担主训任务，传授来自企业工作第一线的党建与思政工作的技能和经验，将理论教学与实践教学紧密结合。此外，还组织学员实地参观兼职教授所在的党建先进企业，以现场教学方式提高教学效果。

2015 年 7 月泉州师范学院与晋江市合作举办第二期非公党务人才订单式培养培训班合影留念

2. 参加顶岗实习。红色 CEO 学员经过系统培训后，由晋江市委组织部牵头，组织有用人需求的企业报名对接，根据企业岗位特点安排对应学员去顶岗实习 1 个月，企业要安排党建与思政工作导师指导。校地企还联合制定《学员顶岗实习管理十大守则》等制度，对红色 CEO 学员实习实训进行事前、事中、事后全过程的质量控制。在事前控制上，校地合作双方协商制定顶岗实习大纲，完善和规范实习目的、要求、内容、方法和效果；在事中控制上，要求学员写实习日志、周汇报和实习心得等，以便把感性认识上升到理性认识；在事后控制上，顶岗实习结束时，组织召开座谈会和实习成果汇报会。在会上还组织学员与企业进行双向选择，实现“未毕业即就业，初上岗就上手”的培养目标。

3. 建立考核体系。从考核主体、内容、形式等方面进行系统规划，设计出一套相对完整、切实可行的能充分发挥考核功能和实现人才培养目标的考核制度。在考核主体方面，有学校、地方党委和企业等三方参与；在考核内容上，包括学员在理论培训、顶岗实习等阶段的学习工作综合表现；在考核方式上，包括校、地、企等三方给出的综合评价和学员自我评价。考核评价方法实行优秀、良好、中、及格、不及格等五级评分制。符合条件要求的学员，发给双方盖印的结业证书。

三、主要成效及经验

（一）建立政产学研协同的育人机制

通过全面整合政产学研资源，建立校地合作订单式培养、企业顶岗实习、开设选修课程或专题讲座、组建学生社团“未来红色 CEO 协会”等比较完整的培养体系，实现培养红色 CEO 从校内到校外、课堂到课外的无缝对接。同时采用集中与分散相结合培养方式，在确保提高质量前提下致力于培养更多红色 CEO。

（二）助力红色 CEO 学员成长成才

学员在企业党组织领导下，深度参与企业党建与思政等各方面工作，了解目前企业转型发展面临的困难和挑战，看到了企业党员在急难险重方面发挥的重大作用，也由此见识了闽南企业家爱国爱乡、爱拼敢赢的宝贵精神，这些对学员来说都是一堂十分生动的教育课，对他们今后找准自身定位、更快融入社会、更好成长成才有极大的帮助。同时由于有顶岗实习作为纽带，部分红色 CEO 学员与所在企业签订就业协议，实现高质量就业预期目标。

（三）权威媒体与高端平台介绍

红色 CEO 培养项目受到了来自全国各方面的关注，有效提高办班的美誉度。一是传统媒体报道。2015 年 4 月 14 日《中国教育报》第 6 版以《泉州师院为民企定制“红色 CEO”》为题作了深度报道。此外，2014 年 5 月《中国青年报》《福建日报》《泉州晚报》，2016 年 7 月福建省教育电视台等，也作了专题报道。二是新式媒体报道。2014 年 5 月 21 日人民网以《福建晋江订单式培养非公企业党务人才》为题作了报道。另外，2014 年 5 月中新网、凤凰教育网、光明网、福建省政府网、福建省教育厅网、泉州东南网作了专题报道。三是高端平台推介。在 2014 年 2 月 28 日第 23 次全省高校党建工作会议、2014 年 9 月 23 日泉州市非公党建现场经验交流会上，培养红色 CEO 项目都获得推介和好评。

（四）建设“红色 CEO 培养成果展馆”

福建省非公党建培训基地落户泉州。泉州市委组织部把我校列为非公企业党务干部职业化培训教学点，要求总结培养红色 CEO 经验并建设成果展馆，作为对外交流窗口和对内培训大学生党员基地。目前展馆已初步建成，供党校实践教学使用。此外，培养红色 CEO 成果还在泉州市非公党建展馆、晋江市党建展馆等展出，扩大对外的影响力。

四、下一步加强和改进的计划

（一）纳入学校教学管理体系

强化学校组织部、教务处等部门业务指导，马克思主义学院具体抓好落实工作。从师资队伍建设、培养方案、教学内容、课程体系、实践教学等关键环节都围绕应用型人才培养的要求来展开，增强人才培养的科学性和有效性。

（二）加强课程与教材建设

根据“业务＋党建与思政实务”人才培养定位，开设基础课程、专业课程、实践课程和交叉学科课程，促进红色 CEO 学员学以致用。同时采用具有地域特色的自著（编）教材进行教学。目前自编教材《非公党务人才培养创新教程》已入选学校 2017 年创新创业教材丛书项目。

（三）扩大双师型师资队伍

以马克思主义学院为牵头单位，加大力度挑选骨干教师到企业挂职、兼职、见习和调研等，不断提高实践教学能力，再从地方党委组织部门负责人和企业党务工作者中聘请更多高水平的兼职教授和客座教授，不断优化结构提升教学水平。

（四）政产学研协同发力

一是校地合作。在前期与泉州市台商区党群工作部、晋江市委组织部等单位合作取得经验基础上，进一步总结提升，争取把项目提升到与泉州市委组织部合作，推动红色CEO培养面向全市企业推开。二是校企合作。在与晋江市柒牌、优兰发、劲霸等14家名企建立“大学生非公党建实践基地”基础上，扩大企业遴选面，争取在2018年达到30家。三是校校合作。在保持原来和市县两级党校合作基础上，争取与泉州地面更多高校横向合作，扩大项目影响力。四是学研结合。与中国社科院马克思主义研究院建立工作关系，邀请有关专家一起开展课题攻关或授课。

综上所述，开展多形式培养红色CEO，通过有效地整合利用高校、地方党委与企业的互补性资源，打破现行“封闭式”的人才培养模式，把理论学习和实践活动有机统一起来，从而为更加高效地培养“业务+党建与思政实务”的复合型红色CEO创造独特的条件，为非公企业党建工作有序有力开展提供人才保证与智力支持，在一定程度上达成了学生、高校、地方和企业各方的多赢效果。红色CEO培养模式的理论研究和实践探索，拓宽了地方高校人才培养的模式和途径，可为其他院校在教学理念、管理机制、联合培养等方面进行改革和创新提供参考和借鉴。

学习青年习近平　树立青年成才观

宁德师范学院

2016年年底，《学习时报》连续刊载《习近平的七年知青岁月》采访实录，生动展现了总书记知青时期的艰苦生活和奋斗历程，真实感人，启迪心灵。青年习近平身上展示出来的矢志不渝的理想信念、爱国为民的家国情怀、勤奋好学的进取精神、求真务实的良好作风和艰苦奋斗的优秀品质等精神气质，蕴含着丰富的育人元素和德育资源，对青年学生有着极大的教育意义。为深入贯彻落实全国和全省高校思想政治工作会议精神，深化学习习总书记关于青年成长成才的系列重要讲话精神，引导广大学生学习青年习近平的崇高精神和优秀品质，推进大学生思想政治教育进教材、进课堂、进学生头脑，学校在“学习《摆脱贫困》‘六进’校园”活动基础上，持续深入开展“青年学子学习青年习近平”教育实践活动，为大学生思想政治教育注入源头活水。

一、项目主题与思路

思想政治教育要解决好为什么培养人、培养什么人、怎样培养人的重大问题。青年习近平身上具有的矢志不渝的理想信念、爱国为民的家国情怀、勤奋好学的进取精神、求真务实的良好作风和艰苦奋斗的优秀品质等精神气质，是大学生思想政治教育的鲜活教材。通过“五个融入”，在全校学生中开展“学习青年习近平”教育实践活动，引导大学生原汁原味地学习、紧扣实际地学习、灵活多样地学习、在实践中学习，坚持学思践悟、知行合一，让青年学子更好地接受理想信念教育，牢固树立爱党爱国爱人民的家国情怀；大学生从中潜心感悟、汲取思想方法和理论营养，有利于形成正确的世界观、人生观和价值观，提高认识、适应和改造世界的能力，对大学生的成长成才具有重要的现实意义。

二、实施方法与过程

一是融入课堂。统筹开发课程资源，深化教育教学改革，创新方式方法，通过开发校本教材，以及讲故事、讲案例、重研讨等形式，把青年习近平身上体现出来的崇高精神和优秀品质融入思政课堂教学之中，充分发挥课堂育人功能。自 2015 年春季开始，先后将《摆脱贫困》《习近平总书记系列重要讲话读本》《习近平的七年知青岁月》《习近平关于青少年和共青团工作论述摘编》等书目，以及由校内教师编写出版的《习近平早期思想初探（一）》《〈摆脱贫困〉导读》等系列校本教材，列入思政课重要教材，在大学生的四门思想政治理论课程中融入习近平的思想精髓和治国理政方略，重点针对《习近平的七年知青岁月》《摆脱贫困》《习近平关于青少年和共青团工作论述摘编》开展学习研讨，提交个人学习体会，作为评定学生思政课成绩的一项依据。此外，围绕“青年学子学习青年习近平”，整合全校力量系统设计思想政治教育实践教学体系，进一步增强实践教学效果。把习近平同志当年在闽东的下乡挂点村列为与我校长期共建的大学生社会实践基地，先后组织思政教师和大学生暑期社会实践队进入基地深入考察调研，组织学生参观访问习近平同志在宁德工作时的资料馆，与习近平同志当年共事的同志进行访谈，实现课堂学

“不忘初心跟党走，青春建功新宁德”主题团日活动现场

习与社会实践的有机结合。

二是融入讲坛。围绕“青年学子学习青年习近平”这一主题，举办各类讲座和报告会，先后邀请习近平同志在宁德工作时期的老同事、宁德市委有关领导、校内外有关专家学者作系列辅导报告和“学习思享会”。2017 年五四青年节，开展了“不忘初心跟党走，青春建功新宁德”主题活动，市委副书记林文芳亲临现场与同学们深入座谈。同学们从不同角度畅谈学习青年习近平的学习心得和实践体会，表示要大力发扬“滴水穿石”的闽东精神，刻苦学习，筑牢基础，锤炼品格，胸怀理想，志存高远，努力实现自己的青春追求和人生价值。开展学习习近平治国理政思想读书社与“学习大军”共学共建座谈会，借助双方优势资源，以理论互学、思想共建、资源共享为主要内容，深度学习宣传习近平总书记治国理政思想方略。学校宣传部部长以“习近平治国理政思想探源”为主题，一年多来在校内开展 10 多场学术讲座，实现了全校师生学习全覆盖。

习近平治国理政思想读书社与“学习大军”共学共建座谈会

三是融入社团。以“习近平治国理政读书社”和“青年马克思主义培养工程培训班”为重点培育平台，以学习、宣传和践行习总书记治国理政思想为主要学习内容，专门培养一批青年马克思主义者，引导当代大学生成长为中国特色社会主义事业的合格建设者和可靠接班人，并将学习青年习近平辐射到全校每一位大学生。2016年，学校在《摆脱贫困》研习社基础上成立习近平治国理政读书社，该读书社被列为福建省高校首批20个重点马克思主义理论读书社之一。读书社以“八个一”（即每两周一次读书会，每个月一篇学习心得，每个月一次讲座，每学期一次参观考察，每学期一次学习论坛，每学期一次理论宣传普及活动，每年一次社会调查，每学年一次考核表彰）为切入点，常态化开展系列活动，形成了一整套学习制度。“青年马克思主义培养工程培训班”通过听取专题讲座和辅导报告、座谈交流、学员论坛、观看纪录片、开展素质拓展活动和理论典籍阅读，全面提升学员理论水平和思想政治素质。先后组织学习了《习近平总书记系列重要讲话读本》，观看《中国正在说》、共青团网络公开课和《福建日报》系列评论《学习习近平总书记关于社会主义核心价值观的重要论述》，举办了“一带一路”主题分享会。同时，还把“学习青年习近平”作为党校、团校、各班级主题党日团日活动的重要学习内容，组织大学生精读深学。2017年，在全校共青团员中开展“学习总书记讲话，做合格共青团员”主题教育活动，开展“一学一做”心得体会交流会57场，主题团课103场，共青团组织生活会138场。面向全校学生开展“学习青年习近平”心得体会征文大赛和演讲比赛，“马克思主义能给予我们什么”和“我的青春我的梦”为主题的征文和微演讲比赛，“一马当先，易班相随”知识竞赛等活动，有效激发广大青年学子苦干实干、艰苦奋斗，引导培养厚重的家国情怀。

四是融入实践。结合学科专业优势和地方发展需求，积极开展扶贫支教、科技支农、文化惠民等实践活动，以多种形式学习助力地方扶贫工作。开展了学陶师陶系列活动，举办“万世师表，以陶为师”主题演讲活动，以及“学陶师陶，争当‘小陶子’”志愿支教实践活动。每年选派一批优秀学生赴乡村开展顶岗实习，缓解了乡村小学师资不足的难题，为当地学校注入了新的活力。每年组织遴选部分大学生骨干驻村挂职（任村支书助理或村委会主任助理），利用周末和寒暑假参与当地脱贫实践。2015年，以“学习《摆脱贫困》，投身扶贫实践”为主题，组织111支社会实践队共1223名学生分赴全省各县市（区）开展为期一个月的实践活动。活动期间，村干部助理服务团受到团中央第一书记秦宜智的亲切会见和充分肯定。2016年，再次组织161队共1741名大学生奔赴全省各地，深入基层，走进群众，在社会实践中助力精准扶贫，践行“两学一做”。2017年，以“学做结合，青春扶贫”为主题，组织205队2155名学生分赴全省各县市（区）开展“三下乡”社会实践活动。把社会实践与精准扶贫相结合，目的就是让广大青年学子亲身感受并深入践行习近平总书记治国理政新理念、新思想、新战略的生动实践，以青春建功的实际行动，为全面建成小康社会贡献青春力量。

五是融入网络。在学校门户网站醒目位置开辟专题学习入口，设立活动要闻、理论研究、学习园地、学习辅导等专栏；在易班网开设专题教育栏目，实现易班网与学校主题网站的全面对接，实时报道“青年学子学青年习近平”有关系列活动；利用福建省易班网学习知新栏目、学校官微官博等平台专题推送学习资料，传播活动信息，形成线上线下互动、课内课外讨论的浓厚氛围。目前发布有关学习体会文章、相关学习动态等100多篇，实现“线上学习”和“线下学习”的紧密对接，增强了学习青年习近平的灵活性和实效性。

三、主要成效及经验

把“学习青年习近平”作为大学生思想政治教育的重要载体来抓，使得教育内容更加鲜活、形式更加贴切、效果更加凸显。

（一）从实施过程看，抓真知重力行，注重知行合一。抓“真知”，把“学习青年习近平”融入课堂教学，在思想政治教育中融入鲜活内容，增强了思想政治教育的立体化和具象化。组织开展各类主题活动，以讲坛论坛、社团活动、征文大赛、演讲比赛、知识竞赛等喜闻乐见的形式丰富文化内涵，拓宽了学习覆盖面，增强了学习的灵活性和实效性。重“力行”，把“学习青年习近平”与助力精准扶贫有机结合，将所学理论付诸具体实践，坚持学思结合、知行合一，让学生真正在实践中经风雨、受教育、长才干、作贡献，有效推进思政教育入耳、入脑、入心。

（二）从活动成果看，亮点不断，成果丰硕。从课程教学改革、思政教育创新到暑期社会实践，均取得了丰硕成果。教学改革成果“学习《摆脱贫困》，构建知行合一的思想政治教育立体化实践教学模式”荣获2017年福建省教学成果特等奖；“学习《摆脱贫困》，开辟大学生思想政治教育新阵地”入选2016年30个首批福建省大学生思想政治教育创新示范项目；宁师青年网络文化工作室项目入选2015年首批“福建省大学生网络文化工作室”培育项目，充分展示研习成果；后山夜校荣获福建省2017年第十四届“福建青年五四奖章集体”、“福建省青春扶贫大赛”二等奖、福建省优秀社团、福建省优秀社会实践团队等多个省级奖项；村干部助理志愿服务团荣获团中央2015年全国大中专学生“三下乡”社会实践优秀团队；村干部助理志愿服务团荣获“强国杯”2015年全国大中专学生“三下乡”社会实践一等奖。《光明日报》《中国教育报》《中国青年报》《福建日报》《闽东日报》等新闻媒体对我校助力地方精准扶贫进行了全面报道。2017年，在全省高校思想政治工作会议召开期间，东南卫视连续三天跟踪播报我校暑期社会实践新闻。

（三）从活动实效看，学生的理想信念更加坚定。把青年学子学青年习近平融入社会主义核心价值观教育，融入思想政治教育课程，融入助力地方精准扶贫社会实践，贴近实际、贴近生活、贴近学生，有效地激发了学生的主观能动性，广大学生在思想上、精神上得到教益和升华，真正将学习青年习近平内化于心、外化于行，勤学、修德、明辨、笃实，扣好人生的第一粒扣子，以蓬勃的朝气、坚定的信念和执着的追求，抒写宁师青年的政治情怀、时代担当和青春追求。

四、下一步加强和改进的计划

在青年学子中开展“学习青年习近平”教育实践活动的意义和目标十分明确，下一阶段关键在于如何继续推进和持续深化，让大学生的思想感情得到熏陶，精神生活得到洗礼，道德境界得到升华，引领大学生真正做到学思践悟、知行合一。重点要推进三个方面工作。

一是凝心聚力，层层落实，增进学习的凝聚力。将“学习青年习近平”教育实践活动的相关内容列入人才培养规划和工作计划，摆在与教学和科研同等重要的位置，统筹安排、统一规划、协同推进。宣传部、马克思主义学院、辅导员等思政干部要先学一步、学深一层，当好学生的表率；学工部要在活动载体上形成长效机制，不断创新思想政治教育新模式；各学院、相关部门要立足立德树人和学校事业发展全局，更加深刻地认识“学习青年习近平”教育实践活动的重要意义，切实担负起助推大学生学习的工作责任；学校主要领导亲自抓部署、抓落实，保障各项必要的投入，确保活动持续深入地开展。

二是营造氛围，丰富载体，增进学习的软实力。要开展形式多样、喜闻乐见的主题教育活动，把教育实践的思想内涵与丰富多彩的校园文化活动结合起来，注意形式上的活泼性和内容上的思想性，注重契合青年学子身心发展规律和合理诉求，寓教于乐，引导广大青年学子树立正确的世界观、人生观和价值观；要促进传统媒体、新媒体、自媒体相得益彰，广为宣传学习青年习近平的相关内容，传播校园正能量；要通过“学习青年习近平”激发校园文化的育人功能，形成优良的校风、教风和学风，实现以文化人、以文育人；要结合精准扶贫的宁德模式，持续深化教育实践活动。

三是凸显激励，优化评价，增进学习的生命力。一方面，在学习和实践中，要有效激发学生的主观能动性。要以学生为主体，教师为主导，把促进学生的成长成才，进而推动学校事业发展作为出发点和落脚点。要贴近实际、贴近生活、贴近学生，把学习青年习近平融入社会主义核心价值观的教育中，使教育的内容被学生心悦诚服地接受，使精神的内涵对学生起到更好的引导和鼓舞作用。要注重树立榜样，挖掘和培育一批又一批“宁师好青年”，切实发挥示范和辐射作用。另一方面，还要以评促学，把“学习青年习近平”纳入大学生思想政治教育的考核范畴，建立和健全评价机制，使活动再上新水平，让学生在精神上得实惠。

思想政治理论课评价体系的“1+4”模式

厦门医学院

习近平总书记在全国高校思想政治工作会议讲话中指出：“要用好课堂教学这个主渠道，思想政治理论课要坚持在改进中加强，提升思想政治教育亲和力和针对性，满足学生成长发展需求和期待。”不断在改进中加强思想政治理论课评价体系建设，是落实习近平总书记重要讲话精神的一个重要抓手。近年来，厦门医学院不断探索创新思想政治理论课评价体系，坚持以学生为主体，以知识为基础，以能力为重心，以素质为目标的设计理念，构建了以形成性评价为核心的“1+4”模式，在评价形式上把形成性评价与终结性评价有机地结合起来，促进了思想政治教育实效性和针对性的提升。

一、项目主题与思路

“1+4”模式的核心是形成性评价。形成性评价是通过诊断教育方案或计划、教育过程和教育活动中存在的问题，为正在进行的教育活动提供反馈信息，以提高实践中正在进行的教育活动质量的评价。学校在开展思想政治理论课教学过程中，注重对学生学习过程的评估和判断，通过搜集学生在学习进程中每个环节的学习信息，了解学生对知识的掌握、能力的发展、兴趣的调动、需求的满足，着眼于学生平时的积累，激励学生平时学习，帮助学生有效地增强自身的综合素质。

二、实施方法与过程

“1+4”模式总体而言是由两大部分组成，其中“1”指的是课程理论学习形成性评价，“4”指的是课堂实践、思想认知、日常行为、社会实践四个方面的形成性评价。

（一）课程理论学习形成性评价

在“1+4”评价模式中，课程理论学习形成性评价是最重要的一个部分，其权重是整个评价体系的50%。在进行课程理论学习形成性评价过程中，我们主要是抓住两点，其一是对学生学习过程及时把控。在这个环节上，我们充分利用“好大学在线”网络学习平台上的学习分析、教学分析、学生进度等模块，及时了解学生的学习热情、知识掌握、学习进度等情况，并根据相关数据对课程内容相应调整，对学习态度好的学生进行肯定，并有针对性的督促积极性不高的学生加强学习。其二是对期末考试进行改革。我们实行闭卷和开卷相结合的方式，其中闭卷考试部分占20%，采用填空、名词解释和简答题的题型，主要是考核一些必须掌握的基本内容和知识点；开卷考试部分占30%，采用材料分析题、辨析题和论述题的题型，主要是考核学生应用所学的理论知识、原理去分析问题、解决问题的能力。

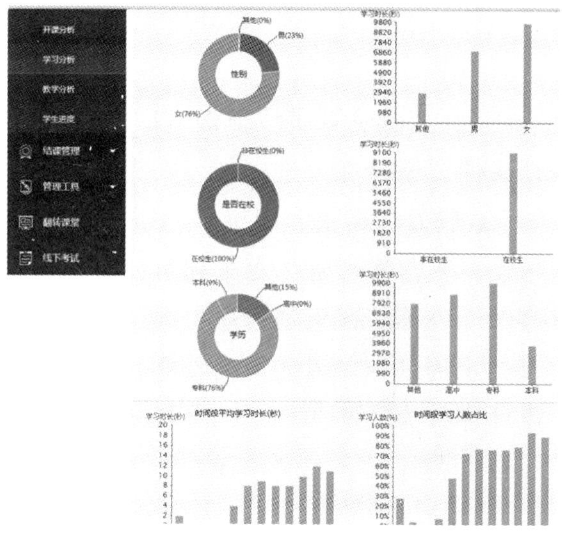

“好大学在线”学习平台数据分析

（二）课堂实践形成性评价

课堂实践是以教学内容为主所确定的一系列在课堂内完成的实践教学环节，它是在教师的指导或引导下，通过学生亲身参与的一种学习形式，是一种和实践过程相结合的动态性教学过程。课堂实践是学生形成性评价的重要环节，其权重是整个评价体系的10%。我们主要采用小组讨论、演讲、辩论、案例分析、“新闻10分”、唱革命歌曲、思政影院等形式。课堂作为高校思想政治理论课的主阵地，应占据成绩评价的主体，一个学生要想取得优秀的学习效果，仅靠教师教得好是不行的，学生自身还必须学得好，通过课堂实践加强课堂互动，可以改变以往“满堂灌”的沉闷局面，活跃课堂气氛，培养学生自觉学习思想政治理论课的兴趣和积极性。以学校思政课堂开展的“新闻10分”为例，教师在上课前，拿出10分钟进行每周时事评论，要求同学参与，获得较好的教学效果。学生正处于求知欲旺盛的阶段，利用这一机会，给他们提供一个展示的平台、思考的空间，促进学生开阔视野，提高学生运用所学知识分析问题、解决问题能力。实践证明，课前时事评论这一活动极大调动了学生的学习自主性，为上好一堂课开了个好头，学生利用课余时间找材料、选时事、组织提纲，为课堂的时事评论做好了准备，使他们养成了关心时事的良好习惯。

（三）思想认知形成性评价

认知原理告诉我们，在教学活动中，受教育者接受信息的质量和水平主要取决于动机需要的选择和思维方式的性质。一方面，动机和需要不仅是启动人类学习活动的原动力，而且还是保持学习活动永不停息向前发展的持续动力。另一方面，思维方式直接规定着主体观察问题、分析问题的角度和具体方法。因此，对学生思想认识水平进行形成性评价也是非常关键的一个环节，其权重是整个评价体系的10%。

在进行思想认知形成性评价的环节上，学校事先制定了一份认知测试项目表（分别从政治理论知识认知、政治态度认知和价值观方面认知）等进行多维评价，在开学的第一堂课进行测试。测试后，教师对项目进行统计、分析，针对学生思想认知中存在的问题，在教学中增强思想政治教育的针对性和引导性。经过一个学期的学习，到期末再进行测试，将两份同样的测试表进行比较，可以显示出学生学习前、后的认知效果。通过思想认知形成性评价，培养和提升学生的理论思维品质，建立科学的认知形式，形成科学正确的世界观和方法论，对学生学习效率和智力

学生日常行为评价期初期末对比

水平的提高以及身心健康发展具有积极的作用。

（四）日常行为形成性评价

把学生日常行为养成情况融入思想政治理论课成绩评定中，这也是思想政治理论课的必然要求，其权重是整个评价体系的10%。事先制定了评价表，分别从思想品质、道德行为、关心自己、关心他人、爱护环境四大方面进行自评、互评和师评（辅导员或班导师），通过评价的导向作用，促进学生成为对自己、对家庭、对他人、对集体、对国家和社会以及对人类生存环境都富有责任感的人。为了科学地评价学生的思想道德行为，保证评价质量，我们还制定了实施方案及评分标准，总评定等级为优、良、及格、不及格，并对评定后的结果给予简短的评语。具体操作如下：

1. 自评

自我评价在形成性评价中占有很重的地位。它不仅能培养学生正确评价自我的能力，而且有助于保护学生的自尊心和提高其信心。学生学习后应进行自我反思学习的过程，得出自我评价学习的结果，从而制定进一步的学习计划，掌握学习的主动。自我评价可以与学生日常的学习动力紧密结合起来，教师指导学生有效地自我评价，学生根据评价方案（思想品质、道德行为、关心自己、关心他人、爱护环境）逐项自述、自评。

2. 互评

以小组为单位，从学习过程一开始就由组长负责做好每位学生的平时表现记录，根据评价方案和学生平时表现记录，由班委会对每位学生逐项进行民主评议，小组长做好评议记录。同学间的互评，在肯定自己的长处，找出与同学的差距的基础上，可以互相监督、互相鼓励、互相鞭策，从而增强学生的自信心，不断增强大学生的意志力和自制力。

3. 师评

由班导师或辅导员根据以上制定好的项目进行评价。班导师和辅导员与学生接触最多，对学生在班级或校园内的行为表现了解得多一些，可以观察学生日常学习和生活的诸多方面。评价后还要让被评价的学生了解师评的结果，让学生认识到思想行为养成教育是关系到自己成人成才的大事，使他们通过日常锻炼逐渐养成良好的行为习惯。

（五）社会实践形成性评价

社会实践是思想政治理论课课堂教学的实践载体和教学内容的延伸，是学生了解课外知识、提升综合能力的重要渠道，社会实践形成性评价在整个评价体系中的权重为20%。我校学生社会实践主要分为两大模块。其一是围绕社会实践基地进行的实

我校师生在林巧稚纪念馆开展社会实践

践活动。目前我校与林巧稚纪念馆、陈嘉庚纪念馆、厦门经济特区纪念馆以及湖里区金海社区签订了合作协议，建立校外实践基地，将课堂教学与社会实践相结合，定期组织学生到校外实践基地参观、调研，让学生了解社会，了解改革开放的成就，正确理解中国特色社会主义。其二是由学校团委牵头，思想政治理论课教研部配合制定的学生在校两年（一个暑假、二个寒假）的社会实践计划。要求学生要有接收实践单位的评语和签章，每一位学生开学之初要将社会实践报告和实践单位的评语上交，由任课教师根据评分标准按等级进行评价。

三、主要成效及经验

“1＋4”模式的核心是形成性评价，其最大亮点就是能在持续的反馈中不断改进教学过程，更好地满足学生成长的期待和需要，从而实现思政课实效性和针对性的提高。因此，在实施这项改革创新的过程中，学校紧紧围绕“1＋4”模式反馈中改进的这个特色和亮点，不断地进行全方位的课程改革。总结起来主要体现在以下几个方面。

（一）“1＋4”模式的反馈、改进特性有效地推进了思想政治理论课程的改革

学校实施思想政治理论课评价体系“1＋4”模式以来，在模式的五个模块中不断收集学生的学习反馈，并通过学生的反馈采取具体的改进措施。以课程理论学习形成性评价为例，教师在授课过程中，通过课后辅导、学生访谈、网络教学平台等手段，收集学生学习过程中的反馈信息，不断调整课程理论学习上的重点、难点和疑点，以及把握学生在理论掌握方面的缺失点，采用更有针对性的措施帮助学生补缺补漏。再以日常行为形成性评价为例，通过收集学生的自评、互评和师评反馈回来的信息，及时把握学生的个体信息，并针对学生个体性进行学习跟踪，帮助每一位同学及时调整和改善自身的学习状态，提升自身综合素质。

（二）“1＋4”模式的反馈、改进特性激发了学生的学习热情

“1＋4”模式是一种过程性的评价，能及时、公正地对学生每一学习

过程进行反馈，而这些反馈信息不仅及时传导给任课教师，同时也会及时传导给学生自身。“1＋4”模式的反馈、改进特性，一方面在课堂上可给予学生巨大的表现空间，极大地调动了学生参与课堂教学的积极性，使教学逐步成为一种有效的、多方位的和主动的信息交流过程，真正做到尊重学生个性的发展；另一方面把学生的日常行为、思想认知、课堂实践和社会实践纳入了评价范围，并及时将评价结果反馈给学生，促使学生不仅注意自己在课堂内的表现，同时也更关注自身在课堂外的所作所为，从而改变消极的学习态度，提升学习的自觉性和主动性。

（三）“1＋4”模式的反馈、改进特性对学生学习成绩的评定更加全面、客观

采用“1＋4”模式评价模式，将学生的校园生活情况、行为表现、社会实践、优秀班级的创建等纳入评价范围，注重学生的学习反馈和改进，提倡知行合一，在评价一位学生的成绩时不仅要关注学生学习理论知识的情况，更要关注学生的实际行为、思想认识以及学习的过程。通俗地说，就是既看学生在试卷上“怎么说”，又看学生在日常“怎么做”，防止言行相悖，这样才能达到思想政治理论课应有的教学目的，也才能客观、全面地考查学生课程理论知识的掌握程度、理论联系实际的能力和在实际生活中的真实思想水平。

四、下一步加强和改进的计划

实施“1＋4”模式，通过各项评价目标的管理来评价教与学的全过程，时刻注意学生学习行为的变化，根据学生的学习能力及知识掌握情况及时调整教师的教学活动，使评价目标既注重学习过程又注重学习结果。从实施的结果来看，教师普遍感到课堂纪律好了，学生学习思想政治理论课的热情增强了，参与课堂活动的积极性明显提高了。下一段，学校在开展“1＋4”模式评价过程中，还要不断地进行改进和完善。

（一）不断改进和完善“1＋4”模式评价标准的内容

目前，学校的“1＋4”模式框架上已经较为系统，但在具体的评价

标准上还要与时俱进，要根据党的理论发展、国家政策的更新以及学生学情的变化，及时对评价标准的内容进行有效的调整，使其更具有时效性和针对性。

（二）进一步提升教师应用“1＋4”模式的水平

“1＋4”模式需要教师花费较多的时间和注意力，进行周密、全面的规划，要对所测试的数据进行统计、分析和计分，这些都需要教师有较强的驾驭能力、恒心和毅力。教师要不断完善数据和材料，及时积累和整理，明确标准，以防止评价流于形式或不能真实反映学生学习过程的情况。

（三）更加有效地利用现代信息技术

“1＋4”模式超越了总结性评价单纯的考试与测试，评价内容不仅包括学生对知识点的掌握和实践能力的提升，还包括其在整个过程中的学习态度、情感、策略等，具有复杂性的特点。此外，“1＋4”模式下评价的工作量大为增加。因此，充分利用网络技术，建立测试网络平台，对“1＋4”模式有效运行具有长远的意义。

福信“经精·育人”马克思主义论坛

福建信息职业技术学院

福信“经精·育人”马克思主义论坛是由福建信息职业技术学院马克思主义学院牵头，联合党委工作部、校团委和思政名师工作室，打造的一个学习平台，它面对师生两个主体，覆盖校、系（院）、班三个层级，构建全方位、多层次、宽领域的厚德育人模式。论坛面向全校师生和省高职高专思政课建设联盟成员单位，开展校内外专家名师讲坛、党政领导进思政课堂、机关干部学哲学、师生主题沙龙、老兵有话说、青年先锋上团课等活动。项目融学术性、思想性、研究性为一体，通过线上线下双轨渠道，搭建师生共同展示与对话互动平台，探索出高职师生思想政治教育的新路径。

一、项目主题与思路

（一）建设目标

坚持社会主义办学方向，紧紧围绕立德树人根本任务，坚持以社会主义核心价值观为引领，突出学校以人为本育人才的办学理念，在省委教育工委的支持和学校党委的领导下，相关部门协同发力，进一步完善福信“经精·育人”马克思主义论坛。通过项目立项培育建设，形成全方位、多层次、宽领域的厚德育人模式，总结经验特色并进行推广，使校内师生思想政治教育和团学工作更有针对性和实效性，相关经验通过交流展示能够为全省乃至全国同类院校复制或借鉴。

（二）建设意义

福信，指的是福建信息职业技术学院。经，指经典，具有典范性、权威性的经典著作；精，指提炼或挑选出的优质的东西，可解释为精品、精华、精言；经精，意指通过诵读和学习经典，打造精品精言的马克思主义论坛。通过构建福信“经精·育人”马克思主义论坛，进一步丰富人员、充实内容、新颖形式，发挥思想政治教育在培养卓越的高素质技术技能人才中的作用和功能，实现新媒体条件下高职师生思想政治教育途径和载体的创新，秉承我校百年办学“厚德强能”的校训，激励高职师生树立理想、奋发图强、服务社会。

二、实施方法与过程

福信“经精·育人”马克思主义论坛将围绕“123”战略展开，提升高职师生思想道德修养和夯实马克思主义理论知识，实现师生共同成长。

（一）活动实施方法

活动一般每月安排1期，具体时间为周三下午政治学习时间或其他课余时间，每期活动约1～3小时。福信“经精·育人”马克思主义论坛是一个云集校内外专家学者、校党政领导、校团委及在校师生学习经典、打造精品、育人成才的全方位、多层次、宽领域师生共学共研平台。这个平台，惠及学校教师和学生两个主体，通过校—院—班级三级依托来开展校内外专家讲坛、校党政领导进思政课堂、名师和名生主题沙龙等活动。

校外专家解读台海问题

（二）活动主题的确定

一是根据掌握当前社会、教育和时事的热点、焦点，从师生的具体需求和实际情况入手，通过对形势与政策的分析，确定论坛主题；二是根据当前高职学生的思想行为特点，结合相关专业分析，对学生进行思想政治教育；三是鼓励和支持老师和学生，总结教学经验和优秀学生干部经历，以身示范开设专题演讲，促进师生共同进步。

（三）活动的可行性分析

福信“经精·育人”马克思主义论坛由马克思主义学院牵头，联合校党委工作部、校团委和“黄冬福”名师工作室等多个在研项目，能够及时把握当前高职学生的思想行为特点，掌握当前社会、教育和时事的热点、焦点，形成相关成果。目前学校正在建设校大学生素质中心，为马克思主义论坛活动的开展提供良好的场域。马克思主义论坛由多位经验丰富的专家学者领衔组建团队，为活动推进提供人才队伍支撑。

（四）推广示范

加强舆论宣传，利用网站、媒体等渠道，对项目活动情况进行宣传，展示活动成效。加强校内辐射，通过校内外专家讲坛、校党政领导进思政课堂、师生主题沙龙等活动，使更多教师和青年学生得到充实、分享和成长。加强校外交流，除了报送相关经验交流材料外，将继续加强与兄弟院校之间的交流，还可通过全国高职院校思政课建设联盟副秘书长单位、全省高职院校思政课建设联盟理事长单位等平台与全省乃至省外高职院校进行分享（学校是福建省高职院校思政课建设联盟的理事长和秘书长单位）。

三、主要成效及经验

（一）主要成效和经验

福信“经精·育人”马克思主义论坛活动于2016年1月，由校马克思主义学院（原思政部）牵头，联合校党委工作部、校团委等部门联合打造，下设专家讲坛、学子论坛、校友论坛三个分论坛，开展校内外专家专场报告、校党政领导进思政课堂、名师和名生主题沙龙、老兵有话说、入党记忆、青年先锋上团课等活动，融学术性、思想性、研究性为一体，撑起一片思想的天空，让演讲者讲出精彩和魅力，让听讲者受益并得到启发，让所有的老师、学生都参与进来，展示自我，交流提升，现已成为我校校园文化建设的亮丽名片。

“专家讲坛”又分学者论坛、领导论坛、党员论坛。定期组织学校内部具有高级职称的领导、教师、党员，通过举办讲座或报告会等形式进行讲学和交流。同时，鼓励学术水平较高的专兼职教师、党员就自己专业特长和深入研究的领域，面向全校教师和学生开展报告。不定期邀请国内外在科研、学术等方面具有一定造诣和影响的专家学者来学校进行讲学、交流。进一步推进校园文化建设，丰富学生的精神文化生活，提升教师的文化素养和科研水平，受到师生一致肯定。

“学子论坛”是一个由大学生唱主角的论坛，又分老兵论坛、青春论坛、宿舍论坛。打破以往高校讲座由权威专家学者主讲的常规做法，鼓励大学生结合学习生活及社会热点自选课题、自主研究申报，由马克思主义学院和党工部、校团委联合审核挑选出有代表性的课题，请有关专家学者担任指导教师，对相关主讲人进行辅导后，学生上台主讲。这在我省高职院校开创了一项师生携手、走向讲台、面向未来的平台。学子讲坛不仅锻炼了主讲的学生，也让听讲的学生受益匪浅。学子论坛自开讲以来，受到全校学生争相“预约”。

师生主题沙龙

“校友论坛”以校友港湾为依托，采用个人演讲和面对面访谈、现场问答互动相结合的形式，邀请杰出校友回校分享自身的奋斗经历、成长经验，为学弟学妹们传经送宝。校友论坛无疑为处在困惑和迷惘的在校学生指明了方向，加深了对就业的认识，明确了学习目标，帮助青年学生树立正确的就业观、价值观，也加强了校友与学校之间的联系，打造了校友回馈母校、感恩母校的互动平台。校友论坛受到了在校师生和校友们喜爱和肯定。

截至2017年9月，已开展了3期校内外专家讲座、2期校党政领导进思政课堂、10期学子论坛、5期校友论坛、31期师生主题沙龙活动，主题涉及两岸关系、思想政治教育、形势与政策、校园生活、人际关系、心理健康、创业教育以及团队精神等内容。由于该活动涉及面广，能有效地拓展高职师生的知识储备、思维领域，弥补传统课堂知识普及面的不足，贴近时事，贴近师生思想、学习、工作和生活实际，对夯实高职师生思想品德和马克思主义理论知识起到良好的促进作用，为高职师生树立正确的价值观和政治信仰起到了较好的作用。活动开展以来受到广大师生的喜爱与欢迎，并取得一定成效。

重庆城市管理职业学院马克思主义学院、惠州城市职业学院、宁夏高职院校马克思主义教学科研部建设联盟等兄弟单位到学校马克思主义学院交流，对学院师生主题沙龙活动和校内外专家讲坛等马克思主义论坛活动给予高度认可和称赞。

马克思主义论坛启迪并引导全校师生更加全面客观地认识当代中国、看待外部世界，在关注时事热点的过程中把握时代脉搏和人生方向，强化使命意识和责任担当，不仅充分调动了我校师生的求知欲，促成综合能力的提升，成就他们“仰望星空”的青春；也点燃了我校师生的激情，激发了他们向榜样力量学习的热情，进而带动了全校求索竞先的学习风气，营造了积极向上的校园文化氛围，为学校建设发展作出了贡献。

目前，参加活动人数已经超过3000人，覆盖面广，育人成效明显。2016年、2017年，新生有95%以上的青年团员向党组织递交了入党申请书，没有入团的青年学生递交入团申请书的比例也在90%以上。全校学生积极向上向善，响应党和国家号召，踊跃报名参军：2016年度，共有57名学生参军入伍；2017年度，共有59名学生参军入伍。2017年以来，

7 位学生报名参加志愿服务欠发达地区和服务西部计划，5 位学生入选，奔赴福建省欠发达地区开展志愿服务等；注册志愿者达到6000多人。此外，在 2017 年第二季全省高校大学生“一‘马’当先”知识竞赛中，学校学生获得高职高专组个人一、二、三等奖各 1 个和团体二等奖 1 个。学校于 2015 年、2016 年连续两届获得福建省教育厅直属高职院校“思政杯”大学生辩论友谊赛冠军。学生作品《马列与我梦可期》荣获福建省“马克思主义能够给予我们什么”征文比赛二等奖。各类获奖捷报频传，师生积极向上向善，蔚然成风。

（二）主要特色

福信“经精·育人”马克思主义论坛改变传统课堂教学知识领域的局限性，以专题方式，结合时政热点、难点，丰富师生马克思主义理论知识，陶冶教师和学生的政治素养和情操，启迪师生思维，从而引导学生树立正确的世界观、人生观、价值观，不断提升师生的政治理论素养。主要特色在于活动的三大创新。

一是受众创新。以往活动开展或以教师为主或以学生为主，而马克思主义论坛有教师和学生两个主体。通过论坛活动的开展，使教师和学生共同进步和成长。

二是渠道创新。马克思主义论坛的开展依托线上和线下双轨道，内容和栏目交叉，既有教师对马克思主义相关经典的研读和分享，也有学生对马列经典著作和理论知识的感悟。只有对经典和马克思主义中国化理论的切实研读，才能有更切身的体会，形成师生的思想火花碰撞，推进自身政治素养的提高。

三是队伍创新。马克思主义论坛通过联合校内外专家、校党委领导、校团委书记、分团委书记以及名师和名生，形成全校总动员体系，共建马克思主义论坛，为马克思主义论坛搭建扎实的人才队伍。

四、下一步加强和改进的计划

今后，将按以下几方面拓展活动形式，丰富活动内涵，充实活动队伍建设。

一是拓展活动形式和数量。拟扩大论坛的活动形式，增设校团委书记、分团委书记与学生开展主题班会和机关干部学哲学系列活动；每月1期增加到每月2～3期，同时，鼓励同一嘉宾可以根据不同师生的需要开展多期活动，扩大学生的受益面。

二是拓宽活动渠道。后期将开通线上平台，如福信马克思主义学院微信公众号，丰富和完善马克思主义论坛的线上活动。拟通过结合线上和线下的双轨模式，加强高职师生思想品德和马克思主义理论知识的夯实，以取得更好的立德树人的成效。线上平台将设置师者言马、学子悟马、马院在线三大专栏，内含有习新语、微朗诵、微阅读、经典阅读、经典朗诵、理论学习和专题活动等栏目。

三是建设平台的活动场所。以校大学生素质发展中心为依托，添置电脑、投影设备以及相关的影视资料、图书资料等，拟建设图书室、视听室、团辅室和报告室等活动室，为活动的开展搭建有保障的场域，并健全完善运行制度和激励措施。

围绕“立德树人”，打造大学生创新精神协同培育平台

福州大学

习近平总书记在全国高校思想政治工作会议上指出，做好高校思想政治工作，要因事而化、因时而进、因势而新，高度凝练了高校思想政治工作的规律和方法论。坚持把“立德树人”作为中心环节，把思想政治工作贯穿教育教学全过程，牢牢抓好大学生创新精神和价值观培育，是高校思想政治工作实现全程育人、全方位育人的核心。本项目依托福州大学首批辅导员名师工作室——福州大学昆冈众创工作室实施，通过专业教育、思想教育融合，打通思想政治教育与教学、科研界限，协同培育大学生创新创意精神，提升大学生创业实践能力。本项目成员由政工干部、教学科研骨干、学生党员团队、行业企业家组成，以数学与计算机科学学院为试点，形成了辐射全校的大学生创新创业基础培育、创意无缝对接和项目路演孵化的综合服务平台，创新了大学生思想政治教育方式方法。

一、项目主题与思路

本项目的主题是“围绕‘立德树人’打造大学生创新精神协同培育平台”，秉持思想政治教育工作“全员育人、全程育人、全方位育人”的宗旨和创新创意人才培养本质内涵，致力于呵护每一个梦想，打造创业者摇篮。项目的思路是以学生为中心，联合优秀青年教授、博士和社会行业精英力量，从大学生专业思想导行教育出发，以创新思维和创新创业能力的训练为核心，以培养高素质、复合型人才为宗旨，以不断孵化创新创业人才、创新作品、创新思想、创新创业团队等创新教育成果为

目标，努力建设一个可以对学生进行创新思维、基本科研技能训练及知识综合应用等多层次、多形式的服务平台，促进创新创业教育与专业教育、科学研究的深度融合，探索构建与“大众创业、万众创新”相匹配、具备广阔视野的大学生创新精神培育服务体系。

二、实施方法与过程

（一）功能定位

1. 教育功能。开展大学生创新精神基础教育，包括创新意识、商业计划书、企业管理、团队协作、技术开发应用、初创企业运营等方面的教育培训。

2. 培育功能。组织校内外师资建立创新创业指导团队，开展兴趣小组、技术团队、本科生科研立项、学科竞赛、项目实践等方面的指导，开展创意征集、可行性评估、技术团队对接实现、项目储备等工作。

3. 孵化功能。建设专门场所，完善设施等保障，联系接洽企业，建立联合孵化机制，开展创新创业项目团队及其产品的孵化。

4. 推介功能。开展产品策划、推广，与创投机构、合作企业进行接洽，促进创业项目落地；在校内外实施优秀项目、优秀团队的展示宣传，扩大影响面。

（二）运作模式

一是针对无项目的个人，工作室对其进行培训，针对其专业、特长，推荐其到合适的创新创业团队或者项目组，通过研本互动、梯队候补等方式带动成长。

二是针对有项目的个人，工作室对其已有的项目进行专业评估，提供创新创业相关的资源予以支持；按照项目本身的专业性，为其寻找合适的团队合作者。

三是针对无项目的团队，工作室将分析其专业优势和发展方向，根据评估结果安排旧项目练手测试，联系校内外的需求项目，力求寻求适合该团队当前承担并有益提升的项目。

四是针对有项目的团队，工作室在对其项目评估入库后，为其提供有力的资源支持，寻求专业指导者对项目和团队本身进行指导、培育与完善。

（三）执行团队

福州大学首批辅导员名师工作室——昆冈众创工作室作为项目的实施执行团队。团队顾问有省内知名创新型企业老总、技术总监、人力资源总监、学校学院党政领导，核心骨干是工作经验丰富、工作有激情的政工干部和创新成果显著的教授、博士，成员还有许多专业技术出色、创新思想活跃的优秀学生党员干部。他们共同构成具有极优的知识结构和卓越的执行能力的团队。

工作室顾问：万孝雄，榕基软件副总裁；吴拥民，网龙公司技术总监；林泽生，中海创集团副总裁；高素梅，美亚柏科信息股份有限公司投资中心经理；魏金明，福州大学学生工作部（处）部（处）长；庄晨忠，中共福州大学数学与计算机科学学院委员会书记；常安，福州大学数学与计算机科学学院院长；谢晓默，中共福州大学数学与计算机科学学院委员会副书记。

工作室团队成员：鲍星华，讲师，经济学硕士，福州大学辅导员协会副理事长、福州大学昆冈众创工作室理事长、数计学院学生党总支副书记、团委书记；吴英杰，教授，计算机博士，福州大学 ACM 总教练；廖祥文，副教授，计算机博士，福建省信息技术重点实验室副主任；王珍珍，副教授，管理学博士，福建师范大学经济学院工商系副主任；张志雄，讲师，经济学硕士，福州大学电气学院团委书记；牛秋月，讲师，经济学硕士，福州大学经管学院团委副书记；王涛，讲师，法学硕士，福州大学数计学院团委副书记；蔡英灵，讲师，计算机硕士，福州大学数计学院辅导员；翁谦，讲师，计算机硕士，福州大学数计学院辅导员；杨硕，讲师，社会学硕士，福州大学数计学院辅导员；林敏，助教，管理学硕士，福州大学数计学院辅导员。

（四）实施过程

1. 抓好四个点，储备项目团队。第一抓学科竞赛。培育高水平的技术团队和储备项目。第二抓兴趣培育。以兴趣为导向，加大应用技术训练。开展技术兴趣小组重点培育立项，对20人规模以上的技术兴趣小组给予重点立项，配套一间活动室、一千元经费、一位指导老师，并推荐进入科研实验室。第三抓雏创扶持。鼓励学生想点子，并为点子找出路。开展“梦想＋”公益创新行动计划，对通过评估的创意给予对接技术人员。1年来，共扶持成立“教务通”等13个雏形项目，并完成5项产品开发。第四抓项目挖掘。做好学生和教师的潜在项目挖掘，加强本科生科研立项、省创国创立项、毕业设计的组织参与，从中发现好项目并联合指导老师进行培育提升。

2. 抓好三条线，支撑教育实践。第一是推动创新创业教育和专业教育的专线连接，以“三进一出”推动创新创业教育和专业教育的深度融合，并突出专业技术的创新实践。三进：本科生进实验室、兴趣小组进实验室、项目团队进实验室；一出：实验室出精品项目。第二是抓住市场一线，牵线搭桥，发挥市场需求和经济效益共同驱动。引进企业和社会机构与校内师生建立横向项目合作，以项目的市场需求激发师生积极性，以项目的经济效益推动企业精英参与创业指导和产品策划。第三是抓好团队和项目梯队，实施精准对接。我们团结一大批青年教师开展创新创业项目指导和技术支撑，建立智库并根据项目成熟度、团队历练度把学生项目、团队列入梯次培养并分类对接指导老师梯队。

3. 具体实施举措。工作室整合资源，有效分工，业务内容按教育培训、公益创新、学科竞赛、创业孵化、企业协同等5个事业群和“创新智汇资源库”（5＋1）来落实推进。

（1）教育培训事业群。负责创业教育、技术培训、创享汇、行业新应用技术扩散四方面工作，包括市场调研方法、商业计划写作、团队管理、财税知识和常用开发技术、开源软件普及应用、企业家讲坛等内容的课程准备和教育输出，提升学生创新创业基本功。

（2）公益创新事业群。以“你的梦想有我一份”为主题，开展青春“梦想＋”公益行动计划，吸引有创意却尚未具备技术优势的同学进行创新训练，为同学们搭建一个圆梦的互动对接平台。运营流程如下图所示：

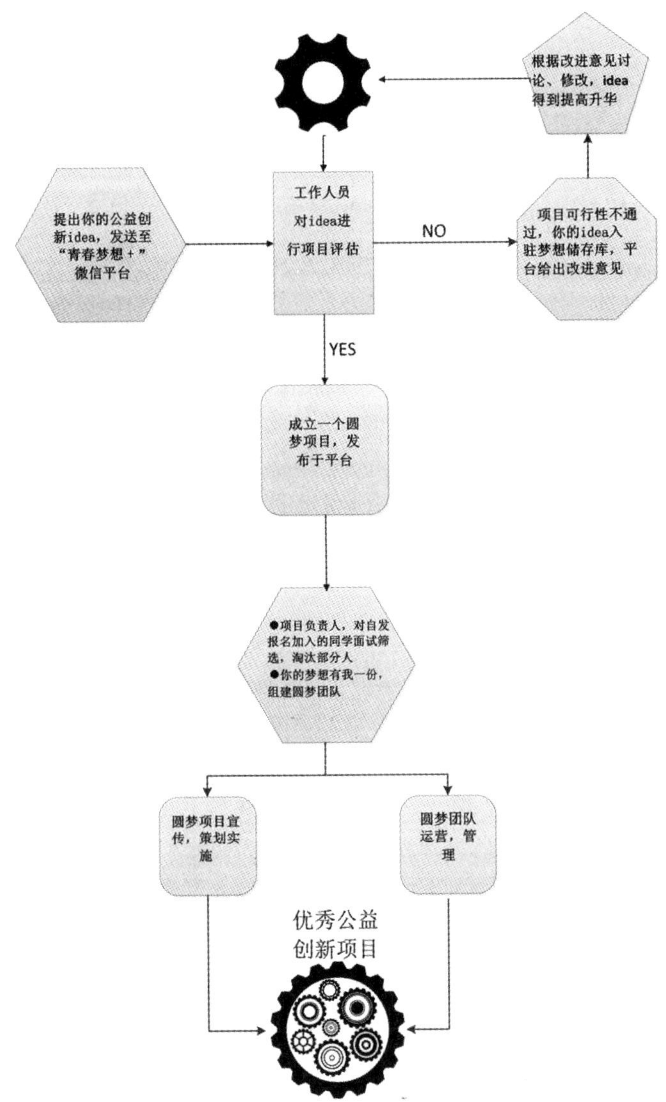

一年多来已形成爱心“药联网”项目团队、Ishare学习资料云共享项目团队、“火花集”团学工作文库项目团队、“文明就餐绿色通道”志愿服务团队、“阅读渲染”项目团队、“阳光使者”课程学习辅导团队等6个项目储备。

（3）创业孵化事业群。以福建省网络计算与智能信息处理重点实验室等校内科研平台为技术依托，形成协同培育和孵化指导机制。培育孵化流程如下图：

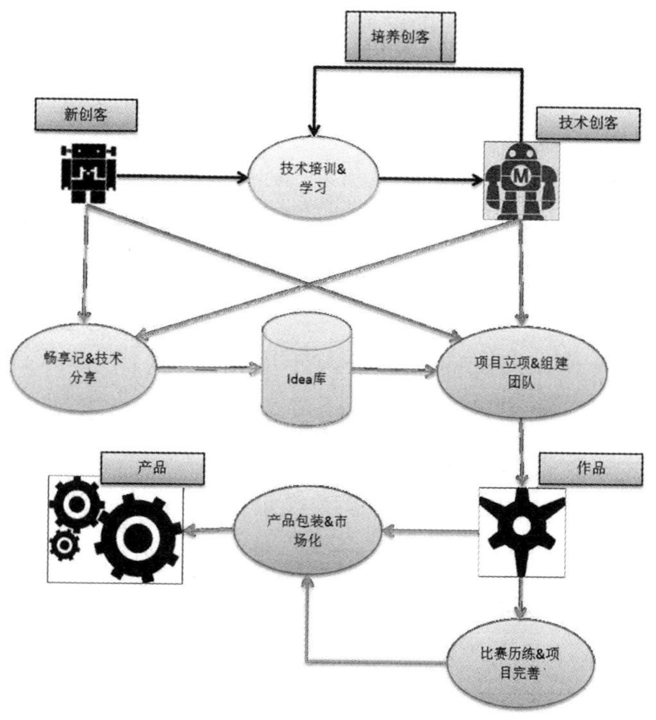

（4）建设“创新智汇资源库”。包括：在校生专业技术专长、项目（竞赛）经历、专利及软件著作权情况汇总建库；已毕业学生（校友）工作（研究）领域、技术（业务）专长、项目（产品研发/创业活动）经历情况搜集建库；学院（兄弟学院）教师与创新创业相关的科研、学术项目（成果）收集建库；热心企业家及热心企业研发人员、产品经理、人力资源经理等资料的收集建库。

4. 条件保障。在学校学院的关心支持下，一年多来共投入资金30余万元帮助工作室进行软硬件建设和配置。工作室现拥有位于数学与计算机科学学院实验楼的1个工作基地（260平方米）、位于学生宿舍区的3个工作基地（共120平方米），设备设施完善，环境舒适优美。

三、主要成效及经验

工作室成立于2014年9月，2015年12月被授予“福州大学首批辅导员名师工作室”开展立项建设。立项至今，工作室先后邀请国内知名投资人60人次举办10场项目路演，服务全校创新创业团队。与锐捷网络、美亚柏科等5家企业开展协同创新合作，累计培育出“大数据参谋”等60个创新创业项目，参与学生共305人（其中92人为跨学院），注册创业7家公司。截至2017年7月，所服务的团队毕业生48人，其中6人创业，27人进入阿里巴巴等知名企业，12人攻读硕士学位，3人攻读博士学位。

创新创业教育和实践的目的是人才培养，我们的目标是能在创新创业和人才输出两方面相得益彰，哪怕学生最后没选择创业也可以找到好工作或升学深造。为此，我们做好“互联网+”等各项创新创业竞赛组织指导支撑的同时，注重形成体系进行基础培育和过程服务。建立工作室，整合资源，形成培育平台，进行基础培育，以科研团队、实验室为技术支撑，进行过程指导，以行业企业为孵化支持，以项目路演和创业竞赛为试练舞台，形成覆盖创新创业培育和人才培养的流程服务体系，培育孵化优秀项目团队和优秀毕业生。

四、下一步加强和改进的计划

经过几年的立项建设，项目取得一些成绩，同时也存在服务内涵不足、服务辐射不足等两个方面的问题。下一步，项目计划引进社会评价和指导，深入总结分析工作经验和教训，增强团队建设，提升项目服务的内容量，努力满足更多学生和团队的成长需求。同时要加强渠道建设，继续扩大工作的辐射半径和服务范围，争取早日建成服务全校学生的多维开放平台。

以普法情景剧为载体，创新实践育人模式

闽南师范大学

法治是社会主义核心价值观的基本要素之一，高校开展法治宣传工作既能培育大学生践行社会主义核心价值观，也是创新实践育人的新举措。近年来，闽南师范大学法学与公共管理学院联合法治漳州研究中心，凭借学院专业优势，努力探索法治宣传新形式，指导大学生开展普法情景剧送法入校、送法下乡、送法进社区活动。多年的实践表明，普法情景剧系列活动的开展，对丰富校园文化生活，增强大学生的法治意识、社会责任意识，引导大学生积极参加社会实践、志愿服务及公益活动，培养大学生的实践能力和创新能力，具有十分重要的意义。

一、项目主题与思路

普法情景剧是大学生以身边常见的小事为例，结合自身所学专业知识，由学生自编自导自演，通过情景再现的形式进行释法说理，将法治宣传形象化和生活化。普法情景剧用设计好的特定场景和法言法语，将生活中常遇到的法律问题形象地搬到舞台上，将身边的事情进行深度剖析，大学生在组织参与情景剧表演过程中提高实践能力，同时教育和引导观众们知法、懂法、守法。

按照“以普法情景剧为载体，提高大学生的实践能力”的培育思路，法学与公共管理学院精心组织、认真筹划，把大学生自编自导自演的情景剧带进基层中小学、社区进行展演。普法情景剧活动把大学生践行社会主义核心价值观、丰富校园文化生活、社会实践及志愿服务有机地结合在一起，不断提升实践育人的成效。

二、实施方法与过程

（一）依托平台，为普法情景剧提供全面保障

在闽南师范大学和中共漳州市委政法委共同领导下，法学与公共管理学院整合各种优势资源，依托法治漳州研究中心，积极推动法学实务研究、理论研究和对策研究，深入开展法治宣传。法治漳州研究中心建立了相应的工作制度，为普法情景剧活动的开展提供了制度和经费保障。

法学与公共管理学院领导高度重视普法情景剧活动，大力支持普法情景剧项目的策划与开展。学院成立艺术团负责普法情景剧的编排，并安排专业教师进行业务指导，同时提供专门的排练场地设施，为普法情景剧活动的开展提供了人员和场所保障。

（二）依靠学生艺术团，精心培育普法情景剧

一是开展普法情景剧剧本大赛。鼓励学生创新情景剧题材，结合社会热点编排剧目，争取实现普法剧目题材最新型、普法宣传效果最大化。同时邀请学校法学专业老师进行指导，对筛选出的剧目剧本内容提出问题以及解决方案，再进行修改和打磨，使其内容情节贴切生活，传达的法律思想简单明了、积极健康。

二是组织选修戏剧鉴赏通识教育课程。在课程教学过程中开展戏剧创作和话剧表演方面的培训，夯实了组织成员创作和表演的基础，然后依托院艺术团拂晓剧社骨干力量反复排练，培育出精品剧目。

三是开展普法情景剧大赛。学生将剧本大赛中的优秀剧本结合通识教育课程内容，自编自导自演开展普法情景剧大赛，选取获奖的剧目到基层进行展演。自 2013 年以来，法学与公共管理学院共举办 4 次普法情景剧剧本比赛、5 次普法情景剧比赛，这些大赛的成功举办有效地锻炼了大学生们的实践能力，丰富了校园文化生活。

（三）校地联动，普法情景剧展演进基层

一是开展普法情景剧进中小学校活动。2014 年起，法学与公共管理学院多次联合漳州市检察院及各县级检察院和法院开展“普法情景剧进

校园展演活动”。活动主要演绎以防范未成年人犯罪为主题的普法情景剧，例如扣人心弦的情景剧《蜕变》，讲述未成年人冲动伤人最后在母亲和警察的劝导下醒悟悔改的故事。进行展演的情景剧里有的创新风趣，有的温情动人，有的结合时下热点，令人耳目一新。观众也随着剧情的起伏时而捧腹大笑，时而轻声啜泣。通过观看寓教于乐的普法情景剧，有助于中小学生树立“以学法为荣、以犯法为耻”的正确观念，潜移默化地引导青少年远离犯罪。普法情景剧进学校，受到师生们以及当地有关部门的广泛好评。

普法情景剧展演进校园

二是普法情景剧展演活动进基层社区。法学与公共管理学院与当地基层街道办事处联合在社区开展普法情景剧活动，剧目内容主要以家庭生活类为主，涉及婚姻、老人赡养、家暴等。例如反家暴情景剧《收起你的拳头》，在形象生动的故事情节中穿插妇女如何利用法律保护自己、反对家暴的法律常识。通过展演教育引导广大的群众知法、守法，面对问题如何运用法律武器保护自己的权益。

三是利用“12·4”国家宪法日及重要节假日开展普法情景剧活动。法学与公共管理学院联合漳州市司法局、市委宣传部等单位积极组织“12·4”国家宪法日普法宣传活动。通过普法情景剧的展演、法律知识问答等形式进行，弘扬宪法精神，营造全社会尊法、学法、守法、用法的良好氛围，有效地丰富人民群众的法治文化生活，不断扩大普法宣传的覆盖面和影响力。

12·4国家宪法日活动

（四）开展观后感交流会，不断提高普法情景剧的品质

普法情景剧展演结束后，法学与公共管理学院与当地的学校组织学生撰写观后感，总结他们观看普法情景剧的心得体会，收集后统一汇编成册。举办征文比赛，对优秀的观后感进行表彰，使青少年深刻领悟普法剧目所蕴含的法律知识，化作内心行动的自律。此外，召集师生开展座谈交流会，针对普法情景剧展演活动中存在的不足提出建议，不断提高普法情景剧的品质。

（五）利用新媒体，加大普法情景剧宣传力度

一是整合传统宣传方式与新媒体普法资源，创新普法载体。充分利用微信、微博等新媒体推送普法情景剧展演经典剧目、活动新闻，扩大宣传范围，实现了普法宣传从单一模式向立体格局转变。二是发挥“互联网＋法治宣传”模式，将普法情景剧视频载入网络平台上，可以在QQ空间、微信“朋友圈”等社交平台中观看，实现法治宣传多角度、全方位。

三、主要成效及经验

（一）主要成效

近年来，法学与公共管理学院依托法治漳州研究中心，扎实推进普法情景剧展演工作，在大学生实践育人和普法宣传方面取得了一定成效。

一是拓展了社会主义核心价值观教育途径，实践育人成效显著。社会主义核心价值观教育始终贯穿普法情景剧的始末，融入大学生的课余生活、志愿服务和社会实践。通过几年的实践积累，有效地帮助大学生树立正确的人生观和价值观，强化了社会责任担当，锻炼了大学生的组织协调和沟通的能力。

二是创新普法新形式，宣传效果显著。近几年，普法情景剧作为普法的专业展台，为厦门、漳州各县市中小学校近万名师生举办了11次专场展演，开展普法情景剧进基层社区4次，开展“12·4”国家宪法日活动3次。大学生们全身心投入角色的演绎，加之道具的布置以及配乐的渲染，皆能传达各个情景剧的深刻含义。这对弘扬法治精神，全面落实依法治国基本方略，加快建设社会主义法治国家，营造良好的法治环境，作出了积极的贡献。

三是打造了一批普法情景剧品牌剧目。在多年的普法情景剧的编排和演出活动中，学生们打造出了一批具有学院特色的经典剧目，《连心肉》《社会下的一角》《二胎风波》《收起你的拳头》《拒绝沉默》《规矩》《包公现代审案》等作品，在各中小学校及社区的巡回演出中赢得了观众们的热烈欢迎和赞赏。

四是获得新闻网络媒体广泛报道。国家司法部网、福建省政府网、中国新闻网、《闽南日报》、东南新闻网等多家新闻媒体对学院开展普法情景剧展演活动进行报道，充分肯定了普法情景剧在法治宣传教育方面所发挥的作用。

（二）主要经验

法学与公共管理学院通过普法情景剧在实践育人和普法宣传取得一

定的成效：一是将实践育人活动与学院专业特色结合起来，打造专业实践特色品牌项目。二是依托法治漳州研究中心，借助平台优势，为大学生服务社会提供施展才华的舞台。三是充分发挥大学生的主观能动性和实践能力，自编自导自演普法情景剧。四是运用网络新媒体推广普法情景剧，扩大普法宣传的影响力。

四、下一步加强和改进的计划

（一）进一步修订和完善普法情景剧剧本

2015年至今，先后开展了多次普法情景剧座谈会，较为准确地掌握了观众对于普法情景剧的一些意见和建议。接下来就普法情景剧剧本更新不足、剧情过于强调煽情等问题提出解决方案，争取能够创作、发掘出更多优质的情景剧。

（二）进一步扩大普法情景剧展演受众范围

自举办普法情景剧活动以来，展演地点大多在中小学学校。下一步可开展“普法情景剧进镇区、进街道、进企业、进集市”等活动，增加受众群体，不断扩大受众范围，努力实现法治宣传教育全覆盖，力求在普法效果的深度、广度、覆盖面上有更大的突破。

（三）进一步增加人员和经费保障，完善制度建设

在原有的人员、经费、场地及设备等保障的基础上，继续加大经费投入、完善制度建设，满足普法情景剧展演的需要，进一步提升实践育人成效。

“百镇百村”千人调研，实践育人助力精准扶贫

闽江学院

为深入学习习近平总书记系列重要讲话，落实“让青春托起中国梦”的讲话精神，传承与践行习近平总书记在闽大担任校长期间对闽大学生的教育理念，紧紧围绕立德树人根本任务，以社会主义核心价值观为引领，闽江学院与中国人民大学“先行先试”共建合作，围绕精准扶贫主题，开展“百镇百村”千人社会实践专项调研活动。号召广大青年学生走出校门、深入社会、深入基层，积极参与社会实践调研活动，立大志、做实事、长才干、作奉献。让同学们科学、全面地深入了解调研地，发现问题、展开调查、记录在案、深入研究、提出方案。全面提升学生的学术科研与实践创新能力，促进本科实践教育发展与研究生培养模式改革，服务农村社会发展，增强实践育人的实效性。

一、项目主题与思路

（一）传承与践行：实践育人的文脉延续

闽江学院是一所具有光荣历史的学校。习近平总书记于1990年至1996年期间担任6年的闽江职业大学校长。1990年9月22日，习近平在闽大迎新暨军民共建大会上讲话中指出：“与工农相结合是知识分子成才的必由之路。闽大学生应当学好科学知识、学好理论，走出校门、深入社会、深入工农，只有这样才能更好地了解国情、民情，才能把握时代发展的脉搏，才能施展自己的才干。”学校遵循习总书记的教育思想，坚持“立足福州、面向市场、注重质量、突出应用”的办学宗旨，牢记习总书记的谆谆教诲，走进基层，以精准扶贫为主题，覆盖23个精准贫

困县，深入“百镇百村”开展专项调研，引导青年学生，坚定理想信念，投身社会实践。

（二）校际间互动：实践育人的长效机制

积极推进校际互动，与中国人民大学共建，优势互补，整合资源，形成实践育人长效机制。结合“两学一做”学习实践活动，围绕“精准扶贫”等活动主题，组建105支社会实践调研小分队，开展社会实践专项调研活动，积极挖掘优秀社会资源，创新体制机制，探索形成实践育人的长效机制。

（三）党建促实践：实践育人的战斗堡垒

通过党建带团建，发挥党员先锋模范作用，发挥党支部战斗堡垒作用。项目运作时，成立临时党支部，发挥战斗堡垒作用，充分发挥党建优势、团建优势、学科优势、专业优势和人才优势，服务区域经济，服务生产一线，服务农村基层。坚持以社会主义核心价值观为引领，发挥教工党支部和学生党支部的先锋模范作用。

二、实施方法与过程

从2016年7月开始，学校420名学生骨干和中国人民大学100名学生，组成百镇百村精准扶贫专项调研实践队，下设105支小分队，成立临时党支部，深入福建省内58个县市区，覆盖23个精准扶贫县，105个村，开展百镇百村精准扶贫专项调研等主题实践活动。

（一）领导重视，高端发力，实现两个“全体”目标

学校党政领导高度重视，高端发力。校党委书记带头，校领导班子联系各院（系）实践队，校级职能部门与院（系）联动，动员百余名社会实践带队教师、420名学生，提前宣传，提前动员组队，围绕精准扶贫主题，通过“进乡村、进企业、进学校、进地方”，打造“四进四精”精准扶贫社会实践专项调研品牌，实现“实践活动覆盖全校学生，实践活动影响全体学生”两个全体的目标，提升大学生思想政治教育的有效性。

“百镇百村”社会调研活动出征仪式

（二）创新机制，高位嫁接，优势互补有成效

闽江学院与中国人民大学签署合作框架协议，闽江学院百镇百村专项调研作为两校合作的子项目，由闽江学院团委与中国人民大学团委共建合作，创新实践育人新模式，加强党建促团建，联合开展暑期社会实践活动，高位嫁接，形成优势互补。发挥中国人民大学的师资资源优势，做好实践调研的培训。闽江学院团委与马克思主义学院“毛概”教研室联合指导学生实践报告撰写，认定实践学分，部门横向联动创新，共同开展专项调研活动。

（三）打造品牌，高效运转，统一行动有保障

各院（系）结合“两学一做”及学科优势，量身定做接地气的“四进四精”专项调研社会实践品牌，实现师生共建共创出“精品”、创“精彩”、提“精神”、炼“精髓”。学校统一拨付专项经费 34 万，通过统一购买保险，统一配备带队教师，统一培训，统一建立临时党支部，设立党员实践小分队，保障百镇百村精准扶贫社会实践专项调研活动的顺利

开展。

（四）注重激励，强化教育，活动总结有力量

实践活动结束后，通过召开“百镇百村”社会实践表彰分享会、举办实践归来话成长、社会实践风采展等方式，让实践的同学们受教育，升华实践的内涵，感受精准扶贫的迫切性和必要性，加强思想政治教育的有效性。通过开展社会实践优秀组织奖、优秀实践团队评比、优秀报告评比等方式，注重分享和表彰，巩固和深化百镇百村千人实践育人的成效。

（五）形式多样，高度融合，“四进四精”有故事

1.“百镇百村”进乡村，精准扶贫专项调研出“精品”

闽江学院百镇百村实践小分队充分发挥专业优势，服务地方发展。如电子系小分队在调研之余，赴莆田大洋镇开展义务维修电器活动；经济与管理学院赴厦门、漳州调研新农村发展；数学系赴宁德社会实践小分队开展慰问孤寡老人、关心留守儿童、“三农”调查等任务。各小分队结合调研任务，发挥党支部战斗堡垒作用，调动党员的积极性，充分开展形式多样的活动，成果丰硕，着力打造精品调研内容。

2.“百镇百村”进企业，感受企业思想和技术的“精彩”

百镇百村经管学院电子商务专业小分队的同学组成农产品电商调查研究实践小分队，参观了三明市建宁县闽赣电子商务产业园，访问“主妇帮”创业公司，拜访莲子供应商“吴建新”，了解到发展农产品电商的难点；新华都商学院虚拟现实小分队到网龙公司、大东湖 VR 小镇和福州规划馆进行有关福建 VR 产业的研究，感受企业思想和技术的“精彩”。

3.“百镇百村”进学校，送去知识和关爱丰富留守儿童的“精神”

闽江学院百镇百村精准扶贫专项调研暖风支教小分队连续坚持十年往屏南县、大田县等贫困偏远山区支教，并进行普及法律知识、惠农政策宣讲、民风民俗访问等活动；海峡支教服务小分队，党员带头发挥先锋模范作用，为爱出发支教，走进教室，为留守儿童送去知识和关爱，丰富他们的精神食粮。

4.“百镇百村”走进地方文化，学习弘扬民族优秀传统文化的“精髓”

闽江学院百镇百村专项调研美术学院党员实践小分队赴漳平市山羊隔村畲族创作了五十多幅丰富多彩的壁画，极大提升了当地的艺术文化氛围。中文系百镇百村实践小分队党员志愿者在走访村民的过程中，开展“扬国学，品经典，学茶道，习书法”活动；经管学院小分队深入泰宁县开始寻找最美乡村之旅，党员穿着汉服向游客展示中华文化之美。

学院党委陈曦副书记看望法律系屏南县暖风支教队

三、主要成效及经验

（一）实践开展主要成效

1.形成闽江学院“12345”实践育人工作模式

闽江学院系统推进实践育人工程，通过打造百镇百村精准扶贫专项调研实践活动品牌，形成了“12345”实践育人工作模式，即“一个中心，两层管理，三级运作，四项原则，五个结合”的工作模式。以“实践育人”为中心目标，“学院＋基地”两层管理的社会实践体制，形成了“校—院（系）—小分队”三级运作模式，按照“目标精准化、工作系统化、实施项目化、传播立体化”的四项原则，实践过程中“思想教育与具体实践相结合、个人实践与团队实践相结合、实践主题与专业特色相结合、实践调研和科研训练相结合、实践地点与实践基地相结合”五个结合，达到“按需设项，据项组团，双向受益”的目标，取得了显著成效。

2. 硕果累累，实践育人成效显著

近几年，学校共组织1000多支实践小分队分赴全国各地开展各项实践活动，参与人数达5万多人次。学校连续八年荣获福建省大中专学生“三下乡”社会实践活动先进单位，6支团队荣获国家级优秀团队，6名同学荣获国家级先进个人荣誉称号。闽江学院百镇百村精准扶贫专项调研实践队荣获2016年全国大中专学生志愿者暑期“三下乡”社会实践活动优秀团队荣誉称号和2016年福建省大中专学生志愿者暑期“三下乡”社会实践活动优秀团队荣誉称号。共完成3500份农户问卷调查，105份行政村问卷调查，实践学子共上交2000多份实践心得体会，完成9个地市专项调研报告，撰写30万字的调研总报告，完成《福建民生发展调研报告》书籍撰写，调研成果多样，实践育人成效显著。

狄俊安副校长前往仙游县慰问暑期社会实践的师生

（二）主要特色和经验

1. 机制创新，增强实践有效性

闽江学院共青团与中国人民大学共青团“先行先试”共建合作，联合开展以“青春建功新福建·携手共筑中国梦”等系列主题的闽江学院“百镇百村”精准扶贫社会实践调研活动，加强与中国人民大学师生的互动和联系，联合打造暑期社会实践品牌，共建互补，提升暑期社会实践的有效性。

2. 内容创新，增强实践饱满性

闽江学院“百镇百村”精准扶贫调研实践活动，聚焦“精准扶贫”主题，实现了与专业相结合、与大学生科技创新相结合、与毕业设计相结合、与服务社会相结合、与政策咨询相结合。

3. 形式创新，增强实践新颖性

在实践过程中实现基地化、课题化、项目化。通过跟当地政府签订实践基地协议，扶持专业教师开展二十项专项的暑期社会实践专项课题调研，通过项目化的运作，推动社会实践活动过程中的形式创新，更加有力地保证大学生社会实践育人工作的开展。

四、下一步加强和改进的计划

社会实践活动作为高校第一课堂教育的拓展，对青年学生起着引导作用。社会实践工作也是高校工作的重要组成部分，通过实践，引导青年学生学以致用，将理论与实际更好地相结合，推动高校实践育人制度化、常态化、科学化，形成实践育人的文化氛围和好经验、好成果。

（一）引导青年要坚定理想信念，增强思想政治工作的实效性

延续习近平总书记在闽大担任校长期间的讲话精神，在实践过程中，引导青年学生坚定理想信念，围绕精准扶贫主题，持续开展，使得青年大学生真正得到锻炼，在实践中受教育、学本领、长才干，培育大学生社会责任感、创新精神和实践能力。为保证社会实践的有效开展，要充分发挥学生自主性，不断创新改革社会实践的形式，加强校际之间的互动，使之适应时代的发展、社会的进步，始终跟随着中国特色社会主义文化的前进方向。

（二）引导青年要积极作出贡献，发挥青年师生服务地方的作用

动员闽院青年师生等广泛的力量，在实践活动中锻炼自我、服务他人，为社会作出贡献。通过开展精准扶贫、产业对接、创新创业、志愿公益、新媒体传播、人才对接等实际性内容，服务地方发展。

（三）引导青年要持续性投身实践，养成终身受益的良好习惯

通过持续性社会实践，关注基层民生，了解国情，找到解决问题的办法。同时在实践过程中，做到专业和实践的结合，增强服务社会能力和本领，锻炼投身社会主义伟大实践的本领，形成终身受益的良好习惯。

红十字体验式生命教育

武夷学院

生命是人世间最宝贵的财富，遭受严重病痛折磨的人顽强地与死亡做斗争，让我们从心底里产生由衷的敬佩之情。而有些大学生自杀或杀人的校园惨案让我们匪夷所思，同时暴露了我们教育中“死亡教育”的空白和无力。安全危机呼唤生命教育，体验式生命教育正日益成为现代教育的主旋律。

“体验式生命教育”是指将保护生命健康与弘扬红十字人道精神相融合，通过体验式教学，使广大青年掌握防灾避险的要领，增强自救自护的应变能力，从而认知生命、敬畏生命、珍爱生命。

一、项目主题与思路

武夷学院积极倡导践行“体验式生命教育”，以武夷学院学生为服务对象，以“珍爱生命、敬畏生命”为核心，以体验式生命教育为载体，充分利用学校红十字生命教育与防灾避险体验馆资源，通过开展防艾预艾、无偿献血、应急救护、志愿服务、朋辈心理健康辅导等系列活动，引导大学生切实感受生命内涵，提升大学生在防灾避险、健康心理、自救互救方面的综合能力，树立正确的生命认知，从而关注生命、认识生命、尊重生命、珍惜生命、敬畏生命。

武夷学院红十字会在武夷学院党总支的领导下，以“体验式生命教育工程”为龙头，以“123”举措实施落地。具体工作思路如下：建立一个基地：红十字生命教育与防灾避险体验馆；坚守两块阵地：课堂教学主阵地和课外实践辅阵地；探索三个工程：“健康”“安全”“成长”三个生命教育主题工程。

二、实施方法与过程

（一）建立一个基地，建成体验式生命教育综合平台

2014 年，在中国红十字会及福建省红十字会的大力支持下，武夷学院建立了第一座红十字生命健康与防灾避险体验馆（总面积约 510 平方米，馆内建设总投资 62 万元），成为福建省红十字体验式生命教育首批示范校之一。

该馆以生命健康安全为主线，用智能模拟、文字图片、实物展示、视频教学、多媒体互动、专家答疑、深入体验等创新方式展出，馆内设置消防灭火体验区、社会治安区、结绳演示区、交通安全体验区、意外伤害及救护体验区、防灾减灾体验区等。针对不同的学生主体因材施教，差异化开展红十字生命健康教育，构筑一套内容成熟且复制推广性高的生命教育体系，让师生们在参与的同时更直观地进行体验感受。

新生入学教育（生命教育与防灾避险体验馆）

（二）坚守两块阵地，提出体验式生命教育新理念

1. 抓好课堂教学主阵地，规范教学行为

校红十字会提出“生命教育”这一理念。一方面，创建体验式生命教育课堂，将生命教育纳入人才培养方案和课程体系，计划 2 个实践课时，实行教案审批、上课考勤签到、作业批改、期末考试制度，实现生命教育全覆盖。生命教育课向学生传授卫生知识、红十字会基本知识和

进行心理健康教育，做到教师、教学内容、教育效果三落实。另一方面，体验式生命教育的理念核心是情景、亲历、反思，立足生命教育实践，结合本校学科专业优势，已形成涵盖健康、安全和成长三个层次的体验式生命教育理论体系，并完成了网络课程、培训手册、教育读本和学术论文等多种形式的理论成果。

2. 抓好课外实践辅阵地，扩大宣传效果

课外实践主要围绕“培训、宣传、服务、体验”这几个关键词，开展了一系列丰富多彩的红十字活动。

红十字体验式生命教育第二期急救员培训班

一是进行救护训练，提高应急技能。三年来，武夷学院共举办九期红十字体验式急救员培训班，700多名师生通过培训考核获得初级急救员证书，遍及12个院系，服务于每个院系的红十字事业工作。培训主要针对热心红十字救护工作、富有责任心的学生群体，培训内容涵盖生命体验教育、救护新概念、心肺复苏理论、气道梗阻急救法、创伤救护、常见急症、意外伤害等48个学时的理论以及实操、试讲等，经理论考试和技能操作考核合格后，由省红十字会颁发总会统一印制的救护员证书。为了巩固培训效果，每年于5月8日世界红十字日举办急救技能大赛，竞赛分为急救知识和技能的掌握，如手臂、头部、胸部等部位受伤的处理与包扎，截至目前，共举办了五届急救技能大赛。

二是广泛宣传，扩大影响。学校以“5·8”世界红十字会纪念日、“5·18”世界残疾日、“5·4”普法宣传日、“12·1”世界艾滋病宣传日等为契机，以微博、易班、宣传和团队活动等为载体，组织学生开展以宣传红十字精神为内容的活动。其一，急救知识宣传。校红十字会于新生入学、“世界急救日”等有利的时间节点，组织开展急救知识和技能的宣传，发放急救知识宣传资料，指导扫描“红十字掌上急救学堂”，开展签名活动。其二，造血干细胞捐献公益宣传。与南平市红十字会携手，成功举办了四次造血干细胞捐献公益宣传。300多名同学光荣地成为中华骨髓库中的一员，《闽北日报》报道我校是南平地区造血干细胞捐献最多的单位。其三，艾滋病防治宣传。在每年“世界艾滋病日”，学校红十字会与武夷山市疾病预防控制中心、武夷山新丰社区卫生服务中心联合举办“世界艾滋病日”宣传周活动，开展了“人人手系红丝带”、“赠送防艾知识气球”、“发放防艾宣传物品”、“行动起来，抵御艾滋”签名、“防艾宣传海报征集大赛”，以提升大家对艾滋病的认识和防艾意识。

“扬急救之帆，为生命护航”第四届急救知识技能大赛

三是志愿服务，宣扬人道。其一，服务于大型活动。地处双“世遗”的武夷学院，校红十字会会员积极参与全国青运会、茶博会、武夷山国际马拉松赛等活动赛事，做好志愿服务工作。其二，服务于人道救助。

校红十字会将红十字工作纳入学校精神文明建设的轨道，积极组织红十字志愿者深入到孤儿院、敬老院，开展“献爱心、送温暖”和“助残敬老、义卖帮扶”等系列志愿服务活动，使学生的思想得到了净化，情操得到了熏陶，爱心得到了加强，能力得到了提高。

四是体验活动，拓展训练。其一，开展体验式生命教育。依托生命体验馆，开展新生入学、班长联盟等体验式生命教育，接受学生班级、学生社团、党团组织预约体验，先后参与体验的超过23000人次。其二，开展素质拓展训练。校红十字会每年都组织开展素质拓展体验活动，培养红十字会会员的团队意识、协作能力和积极进取精神，增强内部凝聚力，更好地发挥红十字会会员在各项活动中的协同作用和服务能力，为学校红十字事业作出更大的贡献。其三，红十字会夏令营活动。为纪念国际红十字与红新月运动基本原则通过50周年，进一步在青少年学生中弘扬传播“人道、博爱、奉献”的红十字精神，学校20名师生先后参加了高校红十字会夏令营活动，得到了专业的训练和丰富的知识传授。

（三）探索三个主题工程，打造体验式生命教育示范模式

为了使体验式生命教育取得更好效果，武夷学院通过开展“健康工程”宣传预防艾滋病和大学生心理健康教育等。“安全工程”着力于提高校园应急救护专业化水平，构建起立体化急救保障网络。“成长工程”则是帮助大学生树立正确的生命观、价值观，促成校园博爱奉献的良好氛围。武夷学院打造出“健康”“安全”“成长”三个生命教育主题工程，逐步形成一个可复制、可推广的体验式生命教育示范模式。

1. 健康工程——大学生生命教育团体心理辅导

大学生生命教育团体心理辅导以群体动力学理论、社会学习理论和相互作用分析理论为指导。针对每年新生心理健康普查（UPI）筛选出的A类学生，团队设计了六次生命教育团体辅导活动，从知、情、意分别设计了对生命意义的探讨、对死亡的感知、探讨大学生自杀原因及预防、哀伤辅导、寻找自我生命价值等活动内容。通过体验式活动，使参加生命教育活动的学生获得生命教育理念，体验生命历程，感悟生命价

值，学会珍惜生命。（活动见下表）

主题	目标	活动内容	小作业
认识生命	认识生命的发生、发展与生命的可贵	热身活动：分组与团队建设 主题活动：观看《子宫日记》并讨论，生命线，成长话题	分发种子与小花盆，培养植物
尊重生命	接纳自我，尊重每个生命的独特性	热身活动：看我走过来 主题活动：我的自画像，20个我	安排义工活动
珍爱生命	寻找生命的美好	热身活动：进化游戏 主题活动：千手观音，美丽人生	收养流浪动物
和谐生命	体验人际信任，学习基本交往技巧	热身活动：盲人之谜 主题活动：爱在指尖，你说我听	表达祝福
探索生命	寻找生命的价值，规划人生全程	热身活动：找变化 主题活动：价值大拍卖，生命线	制作人生规划书、简历、生命支点
感恩生命	分享人生中的感动，学会感恩	热身活动：无家可归 主题活动：讲述母爱，图画“死亡”，感恩行动	写一篇生命意义与价值有关的体验论文

2. 安全工程——红十字应急救护培训

（1）培训对象：面向全校学生，参训学员要经过严格筛选，选拔热心红十字救护工作，富有爱心和责任心，准备长期宣传和弘扬红十字会精神的学员。

（2）培训目标：掌握心肺复苏、创伤救护等核心技术以及常见内科急症、意外伤害、突发事件的处置要领。使学员掌握生存技能，学会珍爱生命。

（3）培训方法：课堂授课、实践等。

（4）学时分配：见下表

单元	学时		
	理论	实践	合计
救护新概念	0.5	—	0.5
心肺复苏	2	2	4
创伤救护	2	2	4
常见急症	0.5	—	0.5
意外伤害	0.5	—	0.5
突发事件	0.5	—	0.5
合计	6	4	10

3. 成长工程——大学生生命观调查及社会实践活动

通过前期访谈了解大学生对生命的认识，结合大量文献资料编制《大学生生命观调查问卷》，了解大学生的生命观，包括生命认识、生命态度、生命价值和生命信仰。生命教育的最终目标是改变学生的思维和行为，让学生更加珍爱自己的生命，认识生命的意义，进而实现自己生命的价值。在生命教育中可以采取各种类型的实践活动，例如组织大学生去医院参观，一方面可以和孕妇交谈，了解孕育生命的艰辛，体会生命的来之不易，并感受迎接生命的喜悦；另一方面也可以参观急诊室，从而体会生命的易逝，甚至可以和临终病人交谈，感受他们对生命的领悟和眷恋。生命之所以宝贵，就在于生的偶然和死的必然。

三、主要成效及经验

（一）荣誉奖励：学校被福建省教育厅、福建省红十字会授予“红十字体验式生命教育示范校”，成为我省首批示范校。福建之窗、东南网、《闽北日报》等媒体多次报道我校红十字会体验式生命教育活动。

（二）参赛成果：武夷学院红十字会荣获南平市首届红十字会应急救护技能作品大赛三等奖；2016 级海峡成功学院蔡雨琪同学荣获 2017 年红十字会夏令营知识授课竞赛三等奖；2012 级商学院吴寿昌同学、2014 级人文教师与教育学院谢忠进同学荣获红十字会夏令营优秀营员称号。

（三）学术成果："红十字体验式生命教育探索"获省级大学生创新创业训练计划项目；《心理健康教育视域下大学生体验式生命教育学堂的创建——以武夷学院为例》获省高校思政研究会2016年年会优秀论文优秀奖（即三等奖）；《心理健康教育视域下大学生体验式生命教学体系的创建》发表于《通化师范学院学报》。

四、下一步加强和改进的计划

（一）继续加强体验式生命教育的普及力度，做好第一课堂的课程教学工作。力争2017年编制出校本教材《生命教育导论》，总结武夷学院在体验式生命教育工作中的实践经验和工作方法，形成了"体验式生命教育"在闽北高校运用中的理论雏形。

（二）做大做强体验式生命教育急救培训和急救技能大赛，形成地方高校品牌特色活动，让更大师生广泛参与其中。

（三）在做好现有体验式生命教育的基础上，今后尝试增加新的活动内容和方式：

其一，全面开放，扩大体验式生命教育的辐射面。下一步，学校计划向本市中小学及社区全面开放生命体验馆，让更多人通过体验式生命教育，掌握防灾避险的要领，增强自救自护的应变能力，从而认知生命、敬畏生命、珍爱生命。

其二，微校园模式，拓展体验式生命教育多元化新思路。为顺应网络智能时代的发展，学校下一步将尝试采用微校园模式等贴近大学生的活动形式，进一步推动体验式生命教育工作的深入发展，让大学生真正体验生命教育。在线上，主要采用VR（虚拟现实）、新媒体和微课堂形式；在线下，以各种实践成果的集中展示为主要内容，进一步走进大学生日常生活，提升教学效果。"生命健康安全体验教室"后期将利用VR技术，将生命教育成果发布于社交网络，实现线上体验生命教育。例如微信平台创建《防艾微课堂：什么是艾滋病》的动画视频，通过短视频、动画表现、微信等网络平台传播，让我们更直观了解了防艾、急救等知识。

启蒙人道，敬畏生命，体验式生命教育的广泛推行，让每个人都能获得切实的关乎生命安全的亲身体验，从而进一步了解生命、感悟生命。学校未来将进一步深化校园“红十字体验式生命教育”进程，整合资源，拓展平台，把握专业化发展，承担好高校文化宣教的责任。

正青春·“益”起来

——以志愿服务工程为抓手，深化高校思想政治教育

福建师范大学福清分校

福建师范大学福清分校“正青春·‘益’起来”志愿服务工程创办于2008年，9年来，始终将校园活动的实践育人功能置于重要位置，致力于“让志愿服务成为师大分校人的生活方式”。通过开展集理论性、实践性、公益性和思想性为一体的青年志愿服务工程项目，引导在校大学生通过志愿服务活动长才干、受教育、作贡献，以青春建新功，用“团结、友爱、互助、进步”的青年梦激昂中国梦。

“正青春·‘益’起来”志愿服务工程已形成自身品牌，曾被中国文明网、中国大学生网、中国青年网、福建省教育电视台、福建省教育厅网等媒体报道。其中，“向阳花”和“蒲公英”2项志愿服务子项目还曾获得2016年福建省高校校园文化建设优秀成果奖。

一、项目主题与思路

“正青春·‘益’起来”志愿服务工程项目面向全校学生展开，本项目的核心主旨在于“益”，即公益。通过引导学生结合时代背景、结合自身所学专业、结合地方实际所需，组织开展系列公益活动，将关爱和帮扶带给社会弱势群体，也吸引更多的师生和社会人士加入志愿者的行列，为志愿服务注入新鲜的血液和新的力量。

“正青春·‘益’起来”志愿服务工程以志愿服务育人为主线，通过“线上”和“线下”两个平台、校内和校外两个渠道，开展“青春梧桐”“蒲公英”“向阳花”“满天星”以及“小荷叶”五大子项目活动。每个子活动都具有自身的特色和针对性：“青春梧桐”关爱农民工子女计划是为

福清市下梧小学就读的农民工子女开展的教育帮扶活动；“蒲公英”阳光助教活动是与福清市特殊教育学校对接开展的教育帮扶活动；“向阳花”暑期专项行动是“蒲公英”的基础上延伸出的暑期特校夏令营；“满天星”无偿献血活动是与福建省血液中心进行对接组织开展的无偿献血活动；“小荷叶”爱心流动伞则是采用“共享”的概念，通过学生自己设计“公益伞”，共享公益伞，在为在校师生解决实际所需的同时，宣扬志愿精神和公益意识。“梧桐树”“蒲公英”“向阳花”“小荷叶”“满天星”，既代表了公益的绿色希望，更呈现出“正青春·‘益’起来”志愿服务工程项目的生机与活力。

“向阳花”暑期特校帮扶夏令营活动

二、实施方法与过程

（一）搭建管理平台，加强组织宣传，推动志愿服务规范化

“正青春·‘益’起来”志愿服务工程依托学校青年志愿者协会，构建“学校—学院—班级”三级组织管理模式，在各学院建立学院志愿分

队，设立学院志愿者理事，在各班级建立班级志愿服务小组，设立班级志愿者服务小组长，通过自主报名的形式，进行统一培训，提升志愿者服务工作质量。积极动员受捐受助学生反哺社会，引导受助学生加入青年志愿者行列，加强了贫困家庭学生的“扶志”教育。同时，注重志愿服务精神的宣传引导，做到“线上”和“线下”相结合、日常宣传和特殊时间节点宣传相结合，将公益意识和奉献精神深植学生心田。线上，通过新媒体平台“青年志愿者”协会官方微博、QQ和微信，抢占网络志愿服务精神宣传教育主阵地；线下，在新生入学、国际志愿者服务日、中国志愿者服务日、全国助残日等特殊时间节点，通过举办青协活动介绍会、优秀志愿者表彰大会、公共电视视频展播、志愿服务图片展及志愿服务“体验日”等方式，增强活动的影响力和吸引力。

（二）加强校地对接，创建志愿品牌，实现志愿服务特色化

“正青春·‘益’起来”志愿服务工程具有9年志愿服务的丰富经验，建立了严格的活动组织制度，与福清市下梧小学、福清市特殊教育学校、福建省血液中心等搭建公益平台，创建了具有自身特色的志愿者服务品牌。

1.“青春梧桐”——将关爱送给农民工子女

“青春梧桐”服务对象为福清市下梧小学的农民工子女，志愿者根据下梧小学农民工子女受教育渠道较为单一的现状开展帮扶。主要围绕主题班会、兴趣小组、体育支教和文艺会演等活动展开。志愿者通过自愿报名，经过筛选培训后分配到各个年级，结合学生自身专业，对不同年级的学生进行授课，丰富小学生的课外知识，拓宽他们的视野，提升他们的动手实践能力，使其树立自信心，刻苦奋斗，努力学习。“青春梧桐”计划不仅给下梧小学的农民工子女学生带去了温暖，同时，也给志愿者本身提供了很好的社会实践平台，尤其是学校的师范类学生和有意愿从事教师岗位的学生，“青春梧桐”活动让志愿者们用“青春梦”圆了自己的“教师梦”。此外，学校还举办了“青春梧桐支教风采大赛”，提高了支教志愿者的专业性和参与性。

2.“蒲公英”——与特殊儿童携手同行

2014年，学校与福清市特殊教育学校开展公益志愿服务合作，设立了大学生社会实践基地，启动了“蒲公英”阳光助教活动。依托学校学前教育、心理学和社会体育等专业的学生，帮助聋哑、残障、自闭症、脑残、肢残等适龄少年儿童，受到了特殊儿童及其家长的热情欢迎，也得到校方和社会媒体的高度认可。

“蒲公英”志愿服务队在每周三下午到福清市特殊教育学校开展活动，根据各班儿童的具体特点，利用体育技能课的课程框架，糅合体育技能学习、团队训练、素质拓展训练等环节，根据各班级儿童的接受程度，设置了跳绳、轮滑、抖空竹等体育技能课和趣味游戏活动。

如今，“蒲公英”助教活动已开展3年的时间，形成了项目化、基地化和常态化的志愿服务工作机制，让特殊儿童走进了更多社会人士的视野，产生了良好的社会反响。

3.“向阳花”——让暑期社会实践浸润爱心

“向阳花”暑期特效帮扶夏令营是基于“蒲公英”特教计划基础上延伸出的暑期帮扶专项计划。结合大学生暑期“三下乡”社会实践，引领大学生用志愿者精神践行社会主义核心价值观。

“向阳花”活动为期7天。在活动开始前，由校青年志愿者协会对自愿报名参加的同学进行选拔和培训，主要成员包括学前教育和心理学专业的同学，每批队员都具备良好的专业理论知识和实践能力。活动开始前，对全体志愿者进行分组，设计小组主题课程。活动中期则通过一对一的帮扶形式，给特殊儿童授课，与孩子们进行聊天，以表格形式跟踪记录孩子们的日常生活与心理状态，为特殊儿童建立心理成长档案，做到实时更新。每天的帮扶教育结束后，志愿者都进行“一天一总结”，将个人感受与好的方法进行分享，最后形成文字和影像资料，促进项目实施的持久性发展。

4.“满天星”—— 汇聚爱心传递生命的力量

我校积极配合福建省血液中心，立足我校实际情况，将献血这件看起来平凡的小事，做成“不平凡的公益”，形成具有影响力的“满天星”活动品牌。“满天星”寓为点点爱心，汇聚一起便可点亮星空。我校每年组织两次“满天星”无偿献血活动，分别在我校的两个校区进行，每年有超过400人次师生参与此项志愿活动。

“满天星”无偿献血活动

在活动开始前两周，校青年志愿者协会通过“线上”和“线下”的双渠道进行活动宣传和引导，营造无偿献血活动氛围，成立校青协“满天星”志愿者小组，做好责任分工。活动中期，负责志愿者培训、管理以及配合医生工作，确保无偿献血活动能够顺利进行。活动结束后，进行活动总结和献血活动的材料整理，在线上进行QQ空间直播，对无偿献血的同学进行表彰，打造“满天星”无偿献血光荣榜。近两年，我校的无偿献血量一共达到了459153毫升，共有1277人进行献血，“满天星”无偿献血活动得到了福建省血液中心的高度评价和认可。

5.“小荷叶”——为你撑起爱的晴空

一把小小的雨伞可以撑起一片爱的晴空。“小荷叶”流动伞项目通过雨天中的一把雨伞解师生燃眉之急，营造出了浓厚的“家”温暖；通过设计“公益”主题的雨伞图样和花纹，无形中传递了公益意识，构建了和谐校园，助力了文明城市的创建。

学校青年志愿者协会分别在学校各教学楼、办公楼及实验室设置角落“小荷叶”摊位。同学们可以选择自身喜好的公益主题伞进行使用，通过扫描二维码填写信息即可进行借还。学校青年志愿者协会安排固定人员进行后台管理与日常摊位管理整合，以保证“小荷叶”能够循环使用，将爱持续传递。“小荷叶”的诚信还伞方式，也有助于高校学子诚信意识和道德素养的提升。自主设计的“小荷叶”流动伞着实让公益变成了一道校园最美的风景线，它给师生们带来的不仅是便利，更是爱与温暖。

（三）树立榜样典型，注重辐射引领，保持志愿服务长效化

榜样的引领便是前行路上最好的力量。在每年12月5日的国际志愿者日，学校举办“12·5国际志愿者日优秀青年志愿者表彰大会”，表彰一学年中表现突出的志愿服务团队和个人，组织来自全校不同学院和专业的老师、同学共同参与表彰大会，扩大了活动的影响力。

依托于校青年志愿者协会对志愿者信息进行定期的资格审查、登记和归档管理，将志愿服务纳入各学院团学工作的考核内容，发挥团建在志愿服务中的推进作用。同时，建立在校学生志愿服务“成绩单”，将志愿服务与学生的思想政治考评、评优评先联系起来，既肯定优秀志愿者的奉献精神，也鼓励更多青年学子加入志愿服务的行列。

三、主要成效及经验

（一）志愿服务落到实处，帮扶对象切实获得帮助

9年来，“正青春·‘益’起来”志愿服务工程项目始终坚持做到以爱化人、以爱育人。一路走来，志愿者们将志愿服务落到了实处，不论是与特校儿童的心手相连，还是为农民工子女营造同一片蓝天，或是看起来简单而平凡的无偿献血活动，都帮助弱势群体点亮了一盏爱的明灯。在服务过程中，面对特殊儿童，志愿者们耐心而细心地给孩子们讲故事，教他们人生道理，陪他们玩耍，面对孩子不分善恶的调皮的行为，一遍一遍耐心地教导；面对农民工子女，志愿者们根据农民工子女接受教育渠道单一的现状，为孩子们设计了许多内容丰富、形式多样的课程，促进了教育的均衡发展，培养了孩子们的自信心。有不少孩子主动认志愿者为哥哥和姐姐，在他们的世界里，通过志愿者们的行为读懂了“感恩。”

（二）志愿品牌有效创建，获社会各界充分认可

“正青春·‘益’起来”志愿服务工程项目选取了五种不同的植物命

名了五种不同的志愿者服务子活动。“梧桐树”“蒲公英”“向阳花”“小荷叶”“满天星”，既代表了绿色的希望，更代表学校的志愿者活动充满了活力和生机。2008年至今，“正青春·‘益’起来”志愿服务工程项目受到中国文明网、中国青年网、青年之声、福建省教育电视台、福建省教育厅网站、网易福建等各媒体多方报道。福建省血液中心在2017年12月，对学校参与无偿献血的64名志愿者进行表彰。“向阳花”和“蒲公英”两项子活动获得2016年福建省高校校园文化建设优秀成果奖。在2017年8月中旬，团省委宿利南书记莅融视察，听取了学校团委工作汇报，对学校的志愿服务工作予以肯定。

（三）志愿精神薪火相传，志愿服务成为日常生活方式

“正青春·‘益’起来”志愿服务工程项目立足校园，辐射社会，志愿者们始终秉承“哪里需要，哪里有我”的宗旨，展示了大学生的良好精神风貌，用实际行动引领着和谐社会的文明风尚。参与志愿者活动的志愿者有的毕业了，有的因为实习实训暂时没有参与活动了，但是他们依然与特校和下梧小学的孩子们保持着密切的联系；依然会通过网络的渠道参与“小荷叶”公益伞的设计与创作；依然会在官方微博、微信和QQ上转发和点赞志愿服务信息。通过志愿服务工程项目的推进和实施，为学校的实践育人搭建了良好的平台，丰富了学校实践育人的形式，志愿服务已然在校园中蔚然成风，高校思想政治教育工作的实效性也得到了有效的提升。

四、下一步加强和改进的计划

（一）进一步构建志愿服务运行机制

一是严格按照教育部《学生志愿服务管理暂行办法》，不断加强学生志愿服务管理，进一步推进立德树人，增强学生社会责任感。引领专任教师、辅导员以及党员参与到学校志愿服务工作的指导工作中来，构建多方动员、全员育人的模式；二是做好调研工作，不断改进志愿服务的方式和方法。通过问卷调查了解志愿服务对接单位和参与活动志愿者对

现有的志愿活动的建议和意见，倾听多方声音，对志愿服务工作进行合理调整和改进，调动学生参与积极性。

（二）进一步完善志愿服务激励机制

提前设计、制定有效宣传方案，抓住时间节点，通过学校团委及青年志愿者协会等网站、微博、微信和QQ，进行专题推送。大力宣传学校的志愿服务活动，突出志愿服务活动所取得的效果，及时发现志愿服务活动中的闪光点，做到以点带面，提高品牌的知名度和认可度。在学校及社会层面营造良好的志愿氛围，发挥活动的品牌效应，吸引更多的人加入志愿服务行列。同时，进一步完善志愿者“爱心成绩单”，对志愿者参与次数、参与质量、参与成效进行自评、互评，通过微博、微信转发和点赞率进行排名，最后对获得“爱心成绩”优秀的志愿者和优秀团支部、班集体进行表彰，并将其作为学生思想政治考评分参考依据。

（三）进一步提升志愿服务创新机制

在立足前期志愿服务工作的基础上，避免单一而重复的志愿服务方式，抓住活动的主线，将活动具体化和细节化，做到有所创新、有所改变。紧密结合新时期高校学生思想特点，加强志愿者的主人翁意识，引导学生转变思想，在志愿服务过程中化被动为主动。进一步挖掘志愿服务精神的时代价值与深刻内涵，推出一批具有实践指导意义的理论成果，做到“以文化人”，增强大学生参与志愿服务工作的自豪感，进一步加强志愿服务与专业知识对接的契合度，引导学生自觉接受志愿服务的育人功能。将“正青春·‘益’起来”志愿服务工程项目不断建设和完善，引领更多青年学子投身志愿服务的行列，以实际行动践行社会主义核心价值观。

党旗引领，志愿同行

——深化学生党员再教育创新实践项目

福建电力职业技术学院

近年来，高校在党员发展中严把入口关，狠抓党员培养质量，党员教育培养工作成效明显，为社会培养了大批的合格建设者，提供了有力的智力支持和人才保证。同时，我们也清醒地看到由于受到社会大环境、学生群体时代性等主客观因素的影响，当前学校学生党员教育中还存在一些问题，主要有：一、教育力度不够，“重发展，轻教育”问题依然存在，学生党员“再教育”强度和深度都有所弱化；二、教育方式较为单一，对学生党员教育仍以讲座、报告会、观看影像等传统教育方式为主，实践体验、课题研究等新颖方式和“互联网＋”技术使用较少，仍存在形式主义现象；三、教育效果有待提升，个别学生党员的先锋模范作用发挥不明显，对党员身份认同度不高，学生党员队伍整体素质有待提升。在此背景下，充分认识到党员志愿服务的重要性，并将志愿服务引入党员再教育工作，在实践探索的基础上，积极构建大学生党员志愿服务长效机制，是当前党员教育工作亟待解决的重大课题。

福建电力职业技术学院抓住学生党员再教育“老大难”问题，通过实施“党旗引领”计划，与社区、小学结对共建，搭建服务平台，组织学生党员定期参与各类志愿服务，将参与志愿服务作为学生党员“再教育”的良好途径，将参与志愿服务作为入党积极分子培养的必经途径，充分发挥学生党员的引领作用，以点带面，带动其他在校学生重视实践锻炼、勇于担当、努力成长。

一、项目主题与思路

当前在大学生党员发展教育工作中，“重发展，轻后续教育”的问题依然存在，有些大学生“入党之前拼命干，入党之后松一半”，党员意识薄弱，先进性不明显。学生党支部对入党后的学生党员“再教育”方式乏力、载体不多，而同时高校志愿服务又存在学生参与率低、积极性差、形式单一等问题。如何充分发挥学生党支部的引领作用，突出抓好思想政治教育工作，发挥学生党员的模范带头作用，引导更多的学生参与志愿服务工作，并对学生党员开展再教育，成了基层学工支部迫在眉睫的重点工作。

“安全用电、科学用电”宣传走进农民工学校

福建电力职业技术学院长期坚持在基层农村和社区、社会福利机构等地开展青年学生志愿服务活动，打造了“马路天使”“关爱农民工（外来工）子女”“你用电、我用心：安全用电、科学用电进小（社）区”等多个志愿服务品牌项目。作为此项工作的参与者，电力工程系也与群石社区长期结对共建，开展一系列志愿服务活动。

经过调研，电力工程系学工党支部决定通过实施“党旗引领·志愿同行”项目，将学生党员再教育与志愿服务相结合，让学生党员通过参与志愿服务工作，有机会为社会贡献自身的才学、能力，发挥自身的作用和优势，通过实际行动，强化自己作为一名党员的政治态度、政治情感，最终坚定了对党的理想和信念。

（一）以思想引领为先导，强化学生党员的志愿服务意识

学工支部要紧扣社会形势，把握时代脉搏，结合学生党员思想实际和学院特点，带领学生党员深入了解习近平总书记系列重要讲话精神的重要意义和具体要求。以党的十八大、长征胜利 80 周年、国家宪法日、

建团95周年、喜迎十九大等重大政治事件为契机，使大学生党员树立社会主义核心价值观，促使形成强烈的民族自豪感和自信心，增强将奋斗的激情投入到实现中华民族伟大复兴的中国梦中的自信，从而挥洒青春的汗水，自觉自愿参与社会公益，将满腔热血融入社会主义精神文明建设的伟大实践中，用实际行动践行着“全心全意为人民服务，永葆党员的先进性”的诺言。

（二）以选树典型为支撑，突出先进模范的示范带动作用

志愿服务既是学生党员巩固深化群众路线教育实践活动成果的有效举措，又是加强基层服务型党组织建设的重要内容。每位学生党员，无论做什么事情，首先要牢记自己的第一身份，牢记党的宗旨，多做为党争光争荣誉的事情，扎实推动志愿服务向常态化、规范化、长效化发展。学生党员不能仅是“参与”志愿活动，而应该转变身份，加强重视、率先垂范，在任何情况下，把党员先进性铭于心、践于行，自觉塑造和维护党员的良好形象，在志愿活动中体现党的宗旨意识和先锋模范带动作用。党支部应从学生党员中遴选和培育典型，向全系学生进行宣传，用身边人身边事影响、引领团员青年投身志愿服务热潮中。

（三）以品牌项目为抓手，推进志愿服务活动落地开花

坚持品牌化的发展道路，依托优势项目，整合有效资源，打造差异化和个性化的品牌，增强自身的核心能力，是推动大学生志愿服务的持久性和高品质发展的必由之路。党员志愿者团队的品牌化建设，有利于学生们注重品牌意识和服务质量，从而更好地为有需要的人服务。要建立完善的大学生志愿服务规章规则，整合优化大学生志愿服务同类项目，加强大学生志愿服务品牌质量评估。通过品牌建设，让大学生党员参与到策划、组织、带领的全过程中，充分发挥带头作用，推进志愿服务活动落地开花。

二、实施方法与过程

（一）突出党建特点，明确工作责任

健全的组织管理是大学生党员志愿服务的坚实保障。为更有效地组

织实施党员志愿服务活动，要不断健全党员志愿服务活动工作责任制，初步形成一级抓一级、层层落实的工作局面。一是突出党的领导，在顶层设计上，将此项目列入学院党委“党旗引领”计划的“总盘子”中去考虑、去实施，作为党建创新培育项目，加强组织领导。二是运用党建标准，成立学生党员志愿服务工作小组，实行学生党支部书记负责制，具体负责志愿服务工作的管理、协调、监督和评价等，实行每月一通报、每季度一点评。三是根据志愿服务的内容，成立各志愿服务分队，每支服务队的负责人由学生党员担任，各服务队的成员由党员和入党积极分子组成，其中党员比例不低于30%，形成学生党员引领、示范、带动的良好范围。

（二）突出专业特色，加强平台建设

在项目实施过程中，电力工程系注重发挥学生专业特点，统筹各类资源，推动“内引外联”。一是实施专业服务，组织开展了“安全用电、科学用电”进社区、进小学等一系列专业宣传服务。二是积极搭建校内外活动平台。结合学校学生思想教育工作、学风建设、宿舍文明建设等工作，依托班级、教室、学生宿舍等场所，搭建形式多样的校内活动平台。在校外立足社会需要，主动作为，广泛参与爱心家教、敬老慰问、交通维序、环境保护宣传服务等各项志愿服务中，使服务模式完整、有效。此外，电力系学工支部立足社区群众所需和小学生存在的问题，主动联系社区和小学，分工协作，

安全、科学用电宣传走进美丽乡村

主动作为，交通疏导、环境保护、结对关爱、德育教育“四位一体”的服务模式完整、有效，组织工作合力更强，工作效果更加明显。

（三）强化制度支撑，提供组织保障

学生党员参与志愿服务工作是一项长期而系统的工程，为确保志愿服务工作能够有序、有效实施，要针对党员志愿服务工作内容和性质，制定一系列的规章制度，从制度上，规范、引导广大学生党员参与志愿服务。把志愿服务制度纳入整个党员继续教育整体计划，制定短期和长期规划，对学生党员参与志愿服务的指导思想、目标要求、形式内容、方法途径、时间要求、成绩考评等进一步做出明确规定，提升“质”和“量”。

三、主要成效及经验

（一）主要成效

1. 通过多年的结对共建，组织学生党员志愿者参与社区服务，开展普法宣传、人口普查、社区义工等活动，充分利用专业所学，开展“安全用电、科学用电进社区”主题活动，传播“绿色能源”知识和节约文化，电力系学工党支部与群石社区实现了双赢的局面。一方面很好地填补了社区人手不足、服务项目较单一服务的不足，另一方面也使学生党员得到了专业实践、服务社会等方面的体验，丰富了学生党员再教育的形式。

2. 通过党员服务队活动，使得学生党员的奉献意识、服务意识、责任意识得到增强，安全意识、应变能力、交流能力得到了很大提升。在人民群众得到了真正的、有效的帮助的同时，弘扬了党员的奉献精神，宣传了党执政为民的理念，展示了当代大学生党员的良好形象，对宣传党的政策、展现党员良好形象发挥了积极的作用。

3. 支部的学生党员经过入党后再教育，不仅成长为一名合格的党员，在各个方面先锋模范作用明显，同时，自身也成长为优秀的青年学子。2016 年在校的 28 名学生党员中，均成长为院、系主要学生干部，有 9 人次荣获国家励志奖学金，8 人次荣获省级技能竞赛三等奖以上奖项，荣获院级荣誉、学院三等奖学金及以上者 100％。

党旗引领，志愿同行

4. 通过学生党员的示范作用，带动了其他在校学生特别是入党积极分子将投身志愿服务活动作为积极向党组织靠拢、践行入党追求的自觉行动，培养他们参与、融入社会的能力，在大学生涯的方方面面实行自我教育、自我管理、自我服务，在行动上“动”起来，引领了重视实践锻炼、勇于担当、甘于奉献的“新风正气”，营造了良好的学生成长成才氛围。

5. 新形势下，电力系学工党支部也在不断探索大学生党建工作，充分发挥学生党员的引领作用，以学生党员再教育活动以点带面，完善工作机制，不断创新工作载体，创先争优，促进了自身组织建设。电力系学工党支部也因此于2016年5月获评省电力公司“电网先锋党支部”。

（二）主要经验

1. 搭建平台，明确服务任务清单。电力工程系学工党支部积极搭建平台，组织学生党员服务队，围绕“专业服务、社区工作、环境保护、扶贫助困、交通疏导”等五个方面，编制《党员服务工作任务清单》，定期开展“安全用电、科学用电进社区”等主题活动，为社区群众义务维修电器，结对社区孤寡老人，开展“送温暖”活动，入户为孤寡老人义务检修家庭用电线路、更换节能灯泡，引导学生党员发挥专业特长，服务社区群众。同时，电力工程系主动将党员服务队活动延伸至社区小学生德育和科普活动中。近三年来，电力工程系学工党支部组织学生党员289人次，开展“节约用电、安全用电”进社区、进小学主题宣传18场次，入户义务维修电器活动 12 场次，社区环保行动 17 场次，结对社区孤寡老人和农民工子女 13 人。共有学生党员 1091 人次参与小学交通疏导服务活动。在服务中，党员服务队高举党旗“亮身份”，用行动获得社区群众的高度评价。

2. 完善机制，建立过程管控体系。在具体组织中，电力系学工党支部引入“项目化”管理办法，建立“计划—实施—评价—反馈—改进”全过程管理流程，利用“工作票”和学院德育学分、评优评先等制度载体，建立学生党员参与服务活动赋分评价制度，及时向学生党员和学生党员所在服务队、思想汇报联系人反馈，作为对学生党员谈心谈话等教育的内容。强化评价结果应用，将学生党员服务评价结果作为学生党员转正、评优、评先的重要依据。

3. 选树典型，发挥示范带动作用。在搭建平台、组织活动的同时，电力系学工支部重视典型的选树工作，选树了“品学兼优的三好生党员”王志伟、“腹有诗书气自华”传承传统、默默奉献的学生党员杨素贞、“两年如一日结对困难小学生”的“奉献之星”王永清等一大批学生党员模范典型。积极利用学期初、新生入学教育及各类节日纪念日等载体，通过分享会、报告会、事迹宣讲会等形式加以宣传，在全系上下弘扬“向模范学习，为人民服务”的新风正气。

四、下一步加强和改进的计划

（一）加强学生党员的思想建设，充分发挥思想引领作用

政治理论学习是思想成长的前提，作为学生群体中的一员，学生党员的思想、观点、见解及对问题的看法对其身边的学生有着极其重要的影响。通过“三会一课”、形势政策教育、社会调研、民主评议、学习研讨、读书交流等丰富多彩的形式开展理论学习，提高党员的志愿服务意识和水平，确保共产党员的先进性。

（二）构建大学生党员志愿服务工作的长效机制

认真总结此项工作的好经验、做法，改进不足，进一步完善组织管

理机制，通过实施活动项目化管理、建立评价考核制度、完善校地协调机制等环节，形成规范化管理。建立激励机制，建立多层次、多形式的表彰奖励制度，通过开展学生党员志愿服务先进集体和个人的评比表彰活动，从而体现对党员志愿服务的重视、倡导、支持与肯定，更好地激发党员的自豪感和成就感，让学生党员持久地广泛地参与志愿服务。落实保障机制，从落实经费保障、加强教育培训等方面做好工作，确保党员志愿服务工作长效稳定。

以“爱”为主题的大学生双向教育实践活动

福建水利电力职业技术学院

走进特校，关爱残障——以“爱”为主题双向爱心教育主题活动，自2007年4月立项以来，十年如一日，坚持不懈，共491批6838人次开展“助心、助乐、助困、助理、助体”的五助一体项目特色活动，让特殊学校的学生接触阳光，感受社会的关爱，使阳光助残服务全面一体化。助心——坚持每周二下午深入永安市特殊教育学校与这些折翼天使们开展谈心、游戏、手工制作、出板报等交流活动；助乐——在“六一”、圣诞、元旦等节日期间，组织文艺骨干、社团赴特校，义务为师生们演出文艺节目，送去快乐；助困——建立爱心基金会，为特校学生的手工艺品举行“爱心义拍”，每学期联系永安各大商家开展“爱心义卖”，义拍、拍卖所得全部返还特校；助理——开展爱心展示、义务维修、环境清理活动；助体——开展残健互动游戏、趣味运动会，让孩子在运动中快乐成长。学院师生从生活、学习、能力培养等各方面关心帮助特殊教育学校的小朋友，让他们在活动中感受到每个大哥哥大姐姐的关爱，倡导全社会都来理解、尊重、关心和帮助残障少年，为他们献爱心、办实事，并激励他们自尊、自信、自强、自立的精神，求真务实地发扬“理解、尊重、关心、帮助”的助残精神。

一、项目主题与思路

走进特校，关爱残障——以“爱”为主题大学生双向教育实践活动，组织支部党员、入党积极分子及学生骨干深入永安市特殊教育学校，了解、关心该校学生这一弱势群体。

通过本活动的开展，倡导全社会都来关注、理解、尊重、关心和帮助残障少年，为他们献爱心、办实事，并激励他们自尊、自信、自强、自立，求真务实地发扬“理解、尊重、关心、帮助”的助残精神。同时，通过立项活动的开展，教育和引导学生党员、入党积极分子、学生骨干从实践中增强服务意识，强化服务能力。

师生们在这个特殊的世界里触动心灵，体会到这些残障孩子的寂寞，激励师生学习如何与这些孩子们交流，学会珍爱健康，体会到什么是爱的奉献，精心培育爱心文化，渲染爱心氛围。志愿活动让师生感受到了孩子们生活的不易，感受到自己现在幸福生活也来之不易，应永存爱心与感恩之心，同时，也让师生们感受到自己肩头承担的责任重大，更应该珍惜生活的点滴。更重要的是，通过志愿者服务让孩子们感受到“爱”的意义，感受到人与人之间的温情，感受到爱的浸染，培养一颗温暖善良的心。虽然每次志愿服务活动，个人的力量可能是微不足道的，但是聚集在一起的爱心却是深厚无比的。志愿服务活动没有华丽的包裹，也不索求任何的名誉，如春天的细雨一样，柔和滋润。绳锯木断，水滴石穿；涓涓细流，汇聚成河。点点滴滴、坚持不懈的付出终将营造出一个爱的社会。

二、实施方法与过程

走进特校，关爱残障——以“爱”为主题大学生双向教育活动自2007年4月实施以来，我们精心制定周计划、月度行动计划表、活动排期，坚持每周二选派大二预备党员、入党积极分子、优秀学生骨干深入特校，同特校师生共同开展活动，电力工程系教师也定期与特校教师交流联欢。十年期间师生参与特校活动共491批6838人次。共建活动增强了大学生的爱心，丰富了特校师生生活，激发了特校老师的工作热情，对特殊学生教育活动起到了有力的助推作用。以“爱”为主题的双向教育活动取得了显著的成效，该活动成为省优秀支部立项的先进典型。具体做法如下。

一是“启明星，助学计划”。大学生深入特校各个班级，帮助特校的孩子们进行班级布置和卫生清扫，做他们的课外小老师，每周二下午都成了孩子们盼望的小节日。大学生们的到来让他们更加热爱学校、课堂、学习和我们生活的世界，也学到了更多的知识，改善了身心健康。定期组织党员、入党积极分子及思想觉悟较高的同学深入特校开展谈心、游戏、手工制作、出板报等交流活动。不定期组织学生骨干深入特校学生家中家访，深入了解特校学生家庭成长背景，做家校沟通的桥梁，从而更好地帮助他们。

世界志愿者日——我们在进行爱心行动

二是“学以致用，爱‘芯’维修”。科普活动进特校成为常态。学院老师们利用自己的专业优势，定期为特校同学举办水文化、电力知识、用电安全、行为安全等专题讲座，激发了孩子们的兴趣，丰富了孩子们的知识，增强了他们的生活技能。组织专业教师和大学生电工技能团成员，义务为特校、学生家庭开展常用电器义务维修活动。

三是“爱心驿站，文艺会演”。在六一、圣诞、元旦等节日期间，组织文艺骨干、社团赴特教学校，义务为师生们进行演出，组织残健互动游戏。举办“爱心”捐赠活动，在六一儿童节、植树节、新年等节假日，学院师生在协助举办各种庆祝活动的同时，多次向特校和孩子们捐赠“爱心”石，种植“爱心”树，赠送孩子们喜欢的图书。动员党员、入党积极分子捐款、捐物，如“实践教育基地”挂牌当天即募得3200元赠予特校。每年“助残日”电力工程系也派出教师代表专程去特校慰问。组织学生社团“爱心驿站”建立了爱心基金会，将特校学生的手工艺品进行“爱心义拍”，每学期联系永安各大商家开展“爱心义卖”，拍卖所得全部用作特校学生活动费用，支持特校师生开展有益的活动。

四是“你的未来不是梦”。组织特校同学进大学校园活动，带领孩子进入大学校园，参观美丽的校园、舒适的宿舍、宽敞的运动场，深入图书馆、教室、实验室，领略大学的环境和风采，极大地激发了孩子们的学习热情，使他们对未来增添了许多美好的憧憬。通过这种现场教育影响了特殊儿童生活，引导激发了特殊儿童的特殊需要，提升他们内在欲求和求知欲望。邀请特校师生参与电力工程系组织的学生活动，如邀请特校师生到学院参观，参与“水果拼盘”大赛。在市中心文化广场举办的“环保与爱同行”大型文艺会演，邀请残疾儿童上台演出，为残疾儿童将来“走出特校，融入社会”做准备，同时也有利于全院学生认识特校，吸引更多的同学参与这项有益的活动中来。

五是“传帮带”。细心做好帮扶工作，长期开展“一对一”帮扶结对项目，以学生预备党员、入党积极分子为主体每人挂钩一位特校学生，全方位进行帮扶工作。将特校儿童“成长档案”制作成网页，挂靠燕城爱心协会，扩大特校活动影响力，增强活动针对性。设计残疾儿童的自强教育方案，并予以试行，多角度鼓励、支持残疾人参与社会生活，走自强之路。深入特校学生家庭，了解孩子们家庭生活，向家长介绍孩子在学校和活动中的表现，使特殊儿童家长充分感知到社会的关心支持和人与人之间的理解和友情。

六是“院校共建，活动联袂”。经常性地组织院校教职工共建活动，丰富了特校老师的课余生活，使特校老师们的辛勤工作得到充分尊重，同时也很好地增强了特殊教育工作者的使命感。特校教师们增强了对自己责任的认识，更加像园丁关爱树木、父母关爱孩子一样关爱学生，教师更真诚的爱给了学生良好的情绪体验，教师更多的情感投入使育人效果得到极大的提升。

三、主要成效及经验

当学院学生健康成长时，仍有部分残疾儿童因身体原因无法接受正常的学校教育。本项目一方面为了让特殊儿童感受社会关怀，感受到人与人之间的温情，感受爱的浸染；另一方面也为了让学院师生感受自身承担的社会责任，进而促使师生珍惜生活，积极参与到奉献爱心的公益活动中。学院积极开展以“爱”为主题的大学生双向教育实践活动。积极探索、创新残疾儿童教育模式，组织全系党员学生认领受助学生，分析研究，找到影响这些学生健康成长的原因，有针对性地提出行之有效的措施和办法，为残疾学生营造健康、快乐、平等、和谐的成长环境，实现“学业有教、监护有人、生活有助、健康有保、安全有护”目标。特校与驻地高等院校共建，开展大学生进特校，院校互动，是社会力量援助特殊教育，提高特校教学效果的有益活动，同时也是高校对大学生进行爱心教育，提升学生思想品质和大学生们深入了解社会的有效途径。经过 10 年的风风雨雨，主要经验如下。

一是建立帮扶学生档案，建立心的历程。认真调查研究，摸清残疾儿童的底数，建立残疾儿童的专门档案。辅导员老师与党员学生建立帮扶残疾儿童工作的历程记录本。

二是建立健全师生党员与帮扶学生的谈心制度。每周二下午与结对学生谈心，随时掌握学生的思想动态，引导他们健康成长。掌握被帮扶残疾儿童的思想、学习、生活情况，并给予一定的指导和帮助。定期家访，与监护人交流，及时反馈学生的情况，帮助做好学生的思想工作。

三是开展人文关爱活动。注重对帮扶学生的心理健康教育。对少数学习严重滑坡、思想上出现问题、违反校规校纪的学生，多与学生交流，做到细致入微，动之以情，晓之以理，让他们体验到生命成长的快乐与幸福，消除不良情感体验，树立乐观向上的生活态度，培养正确的人生观、价值观。鼓励结对学生积极参加主题班会、团队活动、文艺演出等各种活动，使他们生活在欢乐、和睦的氛围中，增强学习、生活的信心，体会到学习的快乐、成长的快乐。

四是加强宣传，希望用我们微薄的力量，让社会不断地去关注这些折翼天使，献出他们的点点爱心。这样的活动需要坚持，每一次活动都是不断的沉淀，让我们更有力量去帮助更多的孩子们。祖国的未来，需要他们去谱写。

五是转变教育观念和育人方式，共同关注学生生活、学习情况和心理、生理状况，引导鼓励学生努力学习，自爱自强，做一名合格的社会主义建设者和接班人。

该活动已在永安市产生广泛影响，《福建日报》、永安电视台、腾讯微博等媒体进行过多次报道。2016 年 12 月爱心驿站被海峡公益服务中心评为“2016 年爱心组织”。2016 年 12 月“走进特校，关爱残障”阳光助残项目获得由省委文明办、团省委、省民政厅、省残联联合会共同主办的首届福建志愿服务项目大赛入围奖。2015 年 7 月福建水利电力职业技术学院爱心驿站被共青团三明市委评为“2014—2015 年度三明市优秀青年志愿队”称号。2009 年 12 月“走进特校，关爱残障”被福建省教育工委评为 2006—2008 学年福建省高校党支部工作“立项活动”优秀成果奖。2008 年 7 月和 2012 年 6 月中共福建省委教育工委、2016 年 6 月中共三明市委教育工委分别授予福建水利电力职业技术学院电力工程系党总支“先进基层党组织”称号。

四、下一步加强和改进的计划

将目光聚焦到了弱势群体身上，为他们的成长出一份力，他们也是祖国的花朵，希望这些花朵开得绚烂。十年如一日，坚持不懈，建立

“一对一”帮扶、实施自强方案等多项围绕该活动的长效机制。丰富生活，激励了残障少年的自强精神。调整心态，鼓舞了特校教师的工作热情。奉献爱心，提高了志愿者的思想素质。立足服务，推进了党支部的自身建设。以点带面，在校内外赢得良好的社会声誉。

在社区、街道定期组织“助残”宣传、咨询活动，以呼吁更多的社会人士加入到“助残”行列中来。将特校儿童“成长档案”制作成网页，挂靠燕城爱心协会，扩大特校活动影响力，增强活动针对性。

通过“线上线下”广泛宣传（线上利用永安电视台、“永安之窗”等新闻媒体、学校网站、系部网站、微博微信等网络平台进行宣传；线下通过海报和举办10周年庆的“环保与爱同行”大型文艺会演，邀请残疾儿童上台演出），让残疾儿童走出特校，让全社会认识特校，参与到我们的活动中来。

“侨缘”文化共享空间建设与探索

华侨大学

华侨大学“侨缘”文化共享空间建设，是近年来学校坚持以学生为本的工作理念，全面落实立德树人根本任务，着力打造侨校特色育人阵地的有益探索和实践。“侨缘”文化共享空间项目被列入学校为民办实事项目，它以学生社区为空间载体，以侨校资源为依托，以亲近感、时代性、参与式为特色，以提升学生社区服务感知和校园生活体验为落脚点，坚持“传播中华文化，延续校园文脉，促进两生交流，助力创新实践”的发展定位，在两校区学生住宿区高标准建设4个融合“服务中心、学习空间、文艺展厅、社交平台、发展基地”多功能为一体的文化共享空间，配备现代化设施，服务学生社区学习生活，实行“开放参与，共建共享”的运营模式，创新学生管理体制，彰显学校人文关怀，服务具有国际视野、创新意识、实践能力、担当精神的高素质人才培养。

一、项目主题与思路

华侨大学历来重视“立德树人”工作的全局性地位，注重彰显侨校办学特色，不断延伸和拓展思想政治工作阵地，形成全员协同育人的合力。随着学分制改革，学生社区不仅作为学生校园生活的主要空间，更是成为高等学校教育管理服务工作的重要载体。21世纪初，华侨大学在福建省内率先推动“思想政治工作进学生社区，党建工作进学生社区，文化建设进学生社区”，凝练出“先锋社区、学术社区、文化社区、和谐社区”的学生社区内涵建设路径，建立起一整套管理育人、服务育人的有效模式。

随着高等教育从规模型向质量型转变，工作的精细化、个性化要求越来越高，育人工作如何立足学校的基本情况，回应时代的要求，满足学生的需求，是提升思想政治工作实效必须认真思考的课题。华侨大学在学生社区育人实践的基础上，探索建立“侨缘”文化共享平台，以学生成长为导向，以学风建设为底蕴，以文化建设为依托，不断提升内涵建设水平，打造具有侨校特色的思想政治新阵地。

一是立足侨校特色，盘活侨校资源。海外华侨华人学生、港澳台学生与内地学生并存的学生构成，彰显着华侨大学独有的办学特色，促成了“一元主导，多元融合，和而不同”的校园文化。侨生侨捐侨情，是学校一笔丰厚独特的精神财富。挖掘侨校校园文化内涵，搭建具有侨校独特气质与气息的文化平台，将侨校特色资源转化为思想政治教育的优势，是学校推进思想政治教育的着力点。“侨缘”文化共享空间的命名，是对“华侨大学因侨而建，华园学子因侨结缘”的深刻诠释，也对空间功能建设具有明确的导向作用。

二是回应时代要求，满足学生需求。在全国高校思想政治工作会议上，习近平总书记指出：做好高校思想政治工作，要因事而化、因时而进、因势而新，必须围绕学生、关照学生、服务学生。随着移动互联技术的发展，慕课等自主学习平台成为高等教育发展的新领域，学生学习和生活的时空界限逐步打破，个性化要求越来越高，学生生活区的功能定位面临多元化发展要求，校园环境营造的工作重心逐步从硬件建设转移到内涵发展上来。高起点设计、高标准建设的文化共享空间，正是提升校园文化内涵，培育校园文化新增长点，进一步拓展文化育人阵地的有益探索。

二、实施方法与过程

华侨大学“侨缘”文化共享空间建设，积极借鉴国内外大学生综合服务平台和文化活动中心的建设经验，结合高等教育发展趋势，在学校“五个社区”建设成果的基础上，积极探索新时期思想政治工作内涵建设的有益做法，逐步形成了文化共享空间所具有的“亲近感、时代性、参与式”三个特色，凝练出“传播中华文化，延续校园文脉，促进两生交流，助力创新实践”的四个发展定位。

（一）坚持“亲近感、时代性、参与式”特色定位，打造惠及广大学生的文化共享空间

1. 贴近学生需求，体现生活气息。将文化共享空间建设在学生生活区，让学生触手可及，是“侨缘”文化共享空间选址的重要依据。在设计装修上，设有满足社交需求的休闲区，灯光柔和，轻音乐萦绕其间，着力营造温馨、优雅的环境，达到感官愉悦、释放压力、放松心情的效果。从 2015 年暑期，泉州校区将北区 12 号原学生社区中心办公室改造成“侨缘·邻里中心”，开启共享文化空间建设的试点，到 2017 年暑期厦门校区位于刺桐苑 1 号架空层的“毓秀侨苑”正式投入使用，目前两校区建成的大小不一的四个共享空间，都是利用学生宿舍区的公共空间改造建设而成。

2. 把握发展趋势，体现时代特色。“侨缘”文化共享空间建设，是对移动互联网时代高校学习和生活的时空界限逐步模糊的回应。空间建设初期，设计团队借鉴了美国麻省理工学院学生公寓西蒙斯楼公共服务空间、台湾中原大学“乐学园”多元学习空间等境外高校公共文化空间建设理念，实地考察汕头大学“789”生活服务中心、华东师范大学共享空间、杭州师范大学学生成长空间等境内高校文化空间建设的有益探索。华侨大学建成 4 个文化共享空间，不是学生自习室的简单翻版，而是从慕课教学、互联网学习的角度出发，设置慕课厅、讨论室等功能厅，配备现代化多媒体设备，营造便利的学习环境。

3. 坚持共建共享，体现开放包容。“共建共享”的参与式管理，是“侨缘”文化共享空间运营的一大特点。从空间功能设计，到家具的设计，到改造过程的参与，再到团队建设的完善、空间使用规则的制定、日常值班管理维护，都由学生团队全程参与。坚持文化空间的开放属性和共享属性，4 个文化共享空间分为开放使用区域和预约使用区域。开

放使用区域面向全校师生开放，主要是阅览区和休闲区；预约使用区域，通过微信场地预约功能，学校任何学生组织和团队，都可以免费预约，主要是书法室、讨论室等功能室。共建共享的属性让空间得到充分的利用，能够惠及更多的同学；更多的活动在文化共享空间开展，则进一步丰富了空间的文化内涵，提升了空间的文化品位，从而达到了空间使用与空间建设的良性循环。

（二）坚持“传播中华文化，延续校园文脉，促进两生交流，助力创新实践”的发展定位，打造侨校特色文化育人新阵地

在“侨缘”开展中华传统文化展示活动

1. 传播中华文化，践行侨校使命。2017年年初，中共中央办公厅、国务院办公厅印发了《关于实施中华优秀传统文化传承发展工程的意见》，要求把中华优秀传统文化全方位融入思想道德教育，贯穿于各层次教育当中。传承发展中华优秀传统文化，是华侨大学彰显侨校特色，践行“面向海外，面向港澳台”办学方针和“为侨服务，传播中华文化”办学宗旨的应有之意。“侨缘”文化共享空间建设的首要发展方向，就是紧密围绕学校的宗旨使命，建立传播中华文化的文化自信。在功能设置上，“侨缘”文化共享空间设有书画室和棋艺室；在阅览厅，则陈列一些中华文化典籍；在活动开展上，除了常规性的书法、棋艺、茶艺的体验和培训外，结合中华传统节日，开展诸如“中华传统文化市集”“新春送对联”“花朝节”“上巳节”“中秋节”传统文化游园活动，整合传统文化社团活动，向境内外学生展示太极拳、咏春拳、传统汉服、中国书画及传统诗词等一系列传统文化魅力，在潜移默化中营造浓厚的

传统文化氛围。

2. 延续校园文脉，弘扬侨校精神。华侨大学为侨而建，因侨而兴。建校以来，华侨华人对学校建设发展的支持，给学校注入了有别于其他高校的文化基因。传播侨情，宣传侨史，弘扬侨志，彰显校园多元共融的文化特色，延续生生不息的校园文脉，是“侨缘”文化共享空间应有的文化自觉。“侨缘”文化共享空间从建立之初，就得到了海内外校友的关注。澳门校友会于2015年11月华大建校55周年之际，为“侨缘·邻里中心”捐赠了一批图书，并在此举行了澳门文化展。在“侨缘”文化共享空间展示墙上，展示国家侨务工作最新动态和学校服务于侨务工作的一系列新举措，展示了学校侨捐工程捐主艰苦创业的历史和回报桑梓的拳拳之心。此外，校友读书会的举办，校史访谈录工程的推进，侨校主题文创设计比赛的开展，都让“侨缘”文化共享空间成为展示校情校史、联系海内外校友、延续校园情感的重要纽带。

3. 促进两生交流，彰显侨校特色。“一校两生”的办学特点所造就的中华文化与异域文化的相互融合，是华侨大学校园文化区别于其他高校的最大特点。四十多个国家和地区的同学居住在同一个社区，形成一个文化丰富多元的“地球村”，由此积淀出来的“和而不同”的文化品质，既体现了中华优秀传统文化的基本价值取向，也塑造华侨大学精神最显著的表征。“侨缘”文化共享空间通过设置休闲社交区域，提供咖啡饮料，营造轻松和谐的休闲空间，组织开展境内外同学交流活动，营造温馨融洽的友邻关系，鼓励不同文化背景的学生走出宿舍，走下网络，开展面对面交流，推动境内外生互帮互助，共同成长，切实提升学生跨文化交际能力。除此之外，文化长廊上的境外生特色文化活动展、定期举办的境外美食品鉴会、每年除夕夜举办的中外师生除夕派对等一系列活动，都使得“侨缘”文化共享空间成为境内外生交流交往的会客厅。

4. 助力创新实践，培育侨校新人。当前，“大众创业、万众创新”的社会主题和大学生创新能力培养，是高校人才培养的不可忽视的命题。“侨缘”文化共享空间本身所具有的时代属性及开放共享的属性，决定了

过年留校的中外师生在“侨缘”一起过除夕

其所具有的创新实践培育环境和强大驱动力。“侨缘·1960众创空间”的建立，便是通过设立文化创新展示空间和交流空间，营造浓郁的创新实践氛围。两年来，“侨缘·1960众创空间”共举办包括“视觉传达设计毕业展”“工业设计产品展”等大小型文创作品类作品展览近20场，举办“矮凳网设计师沙龙”“美术学院校友系列讲座”“境内外学长交流会”等主题沙龙30余场。各类创新创业团队、挑战杯参赛队伍成为“侨缘”文化共享空间的讨论室、会议室的常客。此外，学校结合“侨缘”文化共享空间建设，开办三个咖啡创业实践基地，以团队公开招募的形式，组建学生团队自主经营，通过提供咖啡饮品，营造轻松、自由的交流环境，让侨缘成为境内外同学交流创新思维、碰撞智慧火花的重要场所。

三、主要成效及经验

“侨缘”文化共享空间建设从2015年9月至今，从泉州校区延伸到厦门校区，不断扩大覆盖范围，逐步完善发展理念，提升管理服务水平，丰富文化内涵，形成良性可持续发展趋势。目前，泉州校区在刺桐园建有“侨缘·邻里中心”，在莲园建有“侨缘·1960众创空间”，在紫荆园建有“侨缘学吧”，厦门校区在刺桐苑建有“毓秀侨苑”。文化共享空间设施设备的不断完善，空间功能的不断丰富，藏书量的提升，逐步成为两校区境内外同学校园生活的重要场所、学习讨论的便利空间、休闲社交的好去处、文化活动的聚集区域，平均每月接待人流量3000余人次，讨论室使用400余次，举办各类讲座、沙龙、文化活动10余次。接待了国家教育行政学院中青年干部学习班考察团、国家自然基金委员会、澳门中联办文化教育部、香港媒体访问团、澳门青年“一带一路”交流团、“两岸青年”走茶乡交流团、清华、北大、厦大、暨大等一系列参观交流团。受到新华网、中新网、《中国政协报》、《澳门日报》、中央电视台、东南电视台、泉州电视台等新闻媒体的关注报道，扩大校内外影响力，成为校园内备受瞩目的一大焦点。提升了在校生的学习兴趣、服务感知和生活体验，丰富了校园文化内涵，成为学校文化育人新兴阵地。

“侨缘”文化共享空间的建设，是学校文化建设的供给侧结构性改革，切实把握时代发展的要求和学生成长的需求，通过对原有空间的改造，腾笼换鸟，盘活存量，精准投入，切实提升了校园文化空间的吸引力和感染力，用积极、健康的阵地空间压缩不良阵地空间，提升了文化育人的实效。

“侨缘”文化共享空间建设，是五大发展理念在高校思想政治工作和文化建设中的一次有益实践。要逐步将文化空间建设从粗放型的硬件建设逐步转移到集约型的内涵建设中来，从学校育人工作的大局出发进行顶层设计，形成协同育人的合力，创新管理模式，降低使用门槛，切实做到开放共享。

四、下一步加强和改进的计划

华侨大学“侨缘”文化共享空间建设是学校近年来加强和改进大学生思想政治教育，推进校园文化建设和育人实践的一次有益尝试，一系列探索工作所取得的成绩得益于“以学生为本”理念的深入贯彻和对高等教育发展趋势的深刻把握。在未来工作中，学校将继续以全国高校思想政治工作会议精神为指导，从以下几方面推进“侨缘”文化共享空间建设。

一是进一步锤炼“侨缘”文化内涵，培育和践行社会主义核心价值观，不断增强中国特色社会主义道路自信、理论自信、制度自信、文化自信。

二是加强校园文化建设顶层设计，进一步挖掘校园文化的侨校内涵，整合校园文化资源，丰富“侨缘”文化共享空间建设，进一步提升空间的文化品位和层次。

三是拓展“侨缘”文化共享空间的服务覆盖，通过“引进来”和“走出去”，进一步学习借鉴境内外高校文化空间建设的有益经验，通过校内外活动的有机结合，宣传侨务知识，传播学校的文化理念。

德全不危，育心之道

——大学生思想政治教育“四养”体系创新实践

福建中医药大学

大学生思想政治教育是在我国既有生产力所创造的文化传统中进行的教育。在五千年的历史发展长河中，我国产生了包括中医文化在内的光辉灿烂的中华民族优秀传统文化，这是我们开展大学生思想政治教育十分宝贵的独特文化资源。当前的中国社会，各种思潮相互激荡，各种观念相互碰撞，各种思想文化交流、交融、交锋愈发频繁。经济全球化、信息技术革命的全球大环境、我国改革开放的“附带效应”和大量的外来文化不断涌入，这样的情势极大阻滞了大学生思想政治教育的效果，使得大学生思想政治教育面临文化困惑。思想政治教育的对象是学生，学生的思想政治水平是逐渐生成的，不是先天存在的，中医心理中“养”的理念正是强调了生成的过程。基于此，大学生思想政治教育“四养”体系应运而生。

一、项目主题与思路

（一）项目主题

大学生思想政治教育“四养”体系，即把中医药文化和心理健康教育的融合发展纳入思想政治教育，以立德树人为宗旨，以培育医学生的积极人格为目标，通过实施“养身”“养心”“养性”“养德”，构建融合现代科技网络技术，以学生身心健康为基础，以宿舍为核心载体，以“心理银行”为自我管理及成长的工具，以传承中医药文化理念、践行社会主义核心价值观为重点，具有校本化特色的思想政治教育工作创新模式。

（二）项目思路

1. 大学生思想政治教育“四养”体系的理论依据

中医经典著作《黄帝内经》开篇讲到“德全不危”为生命之根本，生命在于“养”，除了预防自然界外邪的侵袭，更多的要做到精神内守，这就需要个体除了顺应四时阴阳、守神全形外，还需在社会立身处世的过程中领会、修心并加以实行，从而不受到内外病因的危害。

近代国学大师钱穆指出：“天命之谓性，人性本由天赋，但要人能受教育，能知修养，能把此天赋之性，实践自得，确有之己，始谓之德。”也就是德行是从天性而来，但需要通过受教育，修养而有得于心方能称为德行。

2. 大学生思想政治教育“四养”体系的内容

“养身”是指人们通过顺应自然，起居有度，适量运动把自己的身体调养到最佳状态，不断保持和增强体质。

“养心”是指人们通过调控心理、稳定情绪、涵养心态，形成良好的自我意识和认知，面对人生际遇，能妥善处理，达到一种世事洞明、心态平和的状态。

“养性”是自我生命的护养和提升途径。指借助修养情性，纠正个性，养成良好的生活习惯，培养人们的精神境界，以促进健康长寿，强调修养身心，涵养天性。从心理学维度理解的“养性”就是培养符合民族文化精神的积极人格。

“养德”是“四养”的最高精神境界。指人们通过培养高尚的道德情操，追求高尚的思想境界，使人们可以自觉内化并践行所在社会奉行的道德准则。社会主义道德可以分为社会公德、家庭道德、社会主义基本道德、社会主义职业道德和共产主义道德。前四种道德要求与家庭、社会生活息息相关，人们可以通过人际约束、职业规范在现实情境中不断调整自身的行为。共产主义道德是以集体主义为前提，以为人民服务、解放全人类为宗旨，超越一切阶级，实现“真正的人”的道德。这种理想性、超前性的目标不是所有人都能理解并愿意付诸实践的。在集体主义还不能成为社会所有成员道德观的情况下，社会主义道德观就必须作为全国人民的价值导向，形成中国伦理道德的主流。

3.“四养”关系的阐述

中医学“天人合一”观点强调的是事物的整体运动变化，认为人的生命活动与其生存的环境息息相关，把人置于天与地形成的自然时空中。这种时空观是基于时间前后一系列事件的延续的相对观，脱离了事件的发生时空就没有意义。就人而言，形神合一论强调精神活动的物质性及“神”在生命活动中的主导作用。但是人类世界并不是简单的自然生物性的体现，天道四时变化、地道的水土柔刚会直接间接地影响个体的心理反应并形成相应的人道。任何与人相关的研究首先应考虑研究个体所处的环境。另外，结合以上中医理论对“德”的理解，我们认为大学生思想政治教育所追求的德行培养不是一蹴而就的，而是连续性和阶段性的统一，因此，我们所提出的“养身”“养心”“养性”“养德”不是并列的关系，而是有一定的培养和发展顺序的。

我国历代学者和医家达成了共识，都认为人心具有形而下主控各项生理机能和形而上主宰其与脑相关的各种精神活动能力，所以中医藏象理论认为“心”整合了生理和心理两大机能。由此观点我们构建了个体自我和谐的关系走向，即从“心”出发同时辐射出“养身”与“养神”两条通路，“养身”和“养神”的相互依存、相互制约共同作用发展，并反向作用于“心”形成一个完整的格式塔，达到血气和、心神明的健康状态。个体的本体处于相对健康的状态时，也就具备了对自我生命的护养和提升的条件。姜希玉认为“养性”更多关注的是外在的教，包括教化和良好的环境熏陶。我们认为“养德”是个体通过个人磨炼，进行自我教育并强化自我约束的过程，个体最终将自觉内化道德规范。因此，四养体系的通路是“身—心—身”格式塔回路作用于“养性”，“养身”“养心”“养性”三者共同推动“养德”，“养性”和“养德”的结果会反作用于身心健康。

大学生的整体德育效果的养成是阶段性和连续性的统一，它与一个人的成长过程是一致的。学生接收的外部教化内容的增多是一种连续性的量的变化，它没有突然的转变，但是随着大学生的心理成熟发展和社会生存环境的转变，个体的社会认知和道德水平将出现质上的提升。所以，大学生的道德认知水平的阶梯上升状会出现在每一次的教育时间和环境的转换时。但是，社会发展水平的提升会改变社会对人的德行要求，这种阶段性和连续性的统一在人的道德发展中是无止境的，人将终生处于学习的动态过程中。

二、实施方法与过程

（一）策划项目，形成方案执行团队，确定项目方案

2016 年 11 月，学校党委副书记林羽提出以心理健康教育为抓手，结合我校中医药发展特色，寻找大学生思想政治教育的突破口，使思想政治教育方法切实有效。校学生工作处组建了包括大学生心理健康教育指导中心专职教师及有相关知识背景的辅导员共七人的科研和实践团队。团队成员积极开展调研活动，通过座谈会、个案访谈、理论研讨会等形式深入了解学生的关注点，并远赴上海中医药大学系统地学习中医心理学的相关理论知识，参访兄弟院校在开展中医心理学应用于学生工作的情况，最终形成共识，确定项目为“德全不危，育心之道——大学生思想政治教育‘四养’体系创新实践”。

（二）理论研究为先导，为实践成果转化找寻依据

项目团队成员从中医学、心理学、思想政治教育领域提出三者结合的理论依据及可行性，最终形成了《大学生思想政治教育模式的建构与解析——中医“四养”体系的分析视角》。依据“四养”的具体内容，即“养身”“养心”“养性”“养德”四个层次设计了“心理银行”的执行指标，包括“运动休闲”“社会活动”“文化素养”“宿舍文化”“自我发展”五个方面的指标。积极开发医学生实习期间的“心理银行”的执行指标，使“四养”的效果在学生实习期间有较好的升华。理论研究的另一重要内容是，运用质性研究方法，科学地构建出中医药文化中倡导的与学生

发展相关的积极人格，并用数据证实这些积极人格的有效作用。

（三）以心育为抓手，外践于行，内化于心

1. 为大学新生营造良好的人文环境，开展以宿舍为核心的心理健康教育新模式。运用心理学技术如绘画心理技术、箱庭技术、团体活动等增进宿舍成员之间的了解，提供新的沟通渠道，为营造“第二个家”提供条件。

宿舍音乐团体心理辅导

2. 大力推广“智慧心育”App平台。帮助学生实现测评—咨询—问答—健康慢跑主题活动持续进行。全时记录学生从入学到毕业的心理相关信息，完善心理健康教育全程化体系。帮助学校心理健康教育机构实现管理、教育、学习、科研一体化。网络平台的运用可以打破学生的心理防御，更自由、真实地表达自己的想法，平台上的心理咨询师都是思想政治教育队伍的主力军，可以将思想政治教育的内容用学生容易接受的方式表达。开发我校的“五分钟心理学”课堂，将思想政治教育内容隐喻于生活化的心理语言中。

健康慢跑主题活动持续进行

3. 打造一支榜样式的朋辈队伍。由心理健康教育指导中心的朋辈分别带领“养身”“养心”“养性”“养德”四支队伍，以言传身教启迪学生，共同带动全员学生追求高尚的理想信念。我们对大学新生进行心理健康普查和个体体质特征辨识，依据学生不同的心理健康水平和体质，为学生制定个性化的“养身”方案，由“养身”队的朋辈（分别具有动如跑步、舞蹈等，静如太极拳、八段锦等两类运动项目的特长）带领他们获得身体的健康。“养心”主要强调的是情绪和心态调节能力的自我养成。“养性”主要强调如何使自己能够自觉地、诚信地运用“心理银行”在生活中形成积极人格，强调自我教育。“养德”主要强调如何将社会主义核心价值观自觉内化，在平时的生活和工作中主动践行。

（四）积极总结，优化方案，形成经验，大力推广

在项目执行的过程中，定时与学生谈心，与相关部门沟通协调，了解执行过程中遇到的困难和阻力，客观分析方案执行的主客观因素。我们通过相关服务平台，开通与学生交流的渠道，并积极地、及时地调整方案。

三、主要成效及经验

（一）主要成效

学校已经着力理清大学生思想政治教育创新思路，打造符合中医药文化的校本化思想政治教育品牌。“智慧心育”平台已经进入试运行阶段，心理健康教育的五级网络基本可实现线上线下的对接。“养身”和“心理银行”的实践已经如火如荼地开展。

在“养身”载体上，倡导学生走出宿舍，亲近自然，养成良好的作息习惯，每天坚持适量运动。具体做法包括：组建各种运动小组（慢跑小组、快走小组、太极小组、八段锦小组、球类小组、广场舞小组等），由学校专门培训后的朋辈心理咨询员带领，按照中医养生节气，定时、定点集体活动，对每天的活动进行记录，坚持完成任务的给予相应的奖励。在“养心”载体上，对全体学生进行问卷调查和心理健康水平测试，从学生的实际需求出发，设计不同的“养心”方案，如心理素质拓展训练、各种团体心理成长小组、不同类型的心理讲座、形式多样的心理健康教育课程、贴近学生实际的心理活动等，让学生学会认识自己、接纳

自己、调控心理、提升心理素质。在“养性”载体上，我们根据学生的特点和需求，要求他们主动参与社团活动，主动担任学校、学院、班级的干部，主动参与学校举办的各种文体活动，主动参与宿舍管理和宿舍聚会，主动与人交往，培养自己的良好个性。在“养德”载体上，引导学生坚定理想信念，贯彻落实社会主义核心价值观，从小事做起，养成良好的品德。具体路径上引导学生主动关心帮助身边的同学，尤其是主动关心帮助宿舍同学，主动参与志愿服务工作。在人际交往中谦虚忍让，在思想意识中追求真善美。通过“四养”载体的实施，让学生自觉接受思想政治教育。

（二）主要经验

大型素质拓展训练

实践过程中要注意处理好三对关系：一是传统与现代。要注意筛选符合现实环境的传统文化教育内容，取其精华，去其糟粕，运用好现代互联网技术营造传统文化教育的良好环境氛围，以现代互联网思维，把传统的文化用现代的方式呈现出来，让传统文化的魅力时刻影响、熏陶学生，帮助其成长。二是他律与自律。要遵循大学生对思想政治教育接受态度的发展规律，即从先表面接受他人的观点的他律阶段到最终内化成自身观点的自律阶段的发展顺序，正确面对学生在新入校前期的一些排斥行为。三是显性教育与隐形教育。基于第二点的特点，学校的思想政治教育要两种教育方式相结合。

四、下一步加强和改进的计划

（一）加强团队建设，提升工作水平

团队建设包括教师团队建设和朋辈心理咨询员团队建设，下一步将邀请具有丰富理论和实践经验的专家进行培训，提升团队成员的理论水平。我们将建立一支运营网络平台的队伍，同样要加强培训，提升团队成员的文本编辑能力、信息检索能力、美工设计能力和传播推广能力。

（二）开展学术交流，推广活动品牌

下一步我们将大力推介品牌活动，积极参加全国各地的相关学术交流活动，提高该品牌在学界的影响力和社会知名度。我们将积累经验，在时机合适时，以该项目活动品牌为媒介举办论坛活动，广邀学界的专家到学校进行交流，致力于将学校品牌打造成福建省大学生思想政治教育的新名片。

（三）完善大学生思想政治教育的全程化

医学生会有 1.5～2.5 年的住院实习期，实习期间的思想政治教育存在脱节的现象。我们将加强学生实习期间的教育、学习的跟踪，利用好网络平台，使学生在真实的职业情境中，更好地理解、践行社会主义核心价值观，从内心自觉自愿接受党的领导。

培养亲情观念　树立家国情怀

——“亲情教育”践行立德树人

厦门理工学院

重视亲情是中华民族的传统美德，一个懂得爱亲人、懂得感恩的人，才会去爱他人、爱社会、爱国家，才会对祖国未来的发展作出贡献。“家庭是社会的基本细胞，是人生的第一所学校。”党的十八大以来，习近平总书记多次在不同场合强调家庭建设。在2015年春节团拜会上总书记对家风建设作了集中论述：“要重视家庭建设，注重家庭、注重家教、注重家风，紧密结合培育和弘扬社会主义核心价值观，发扬光大中华民族传统家庭美德，促进家庭和睦……使千千万万个家庭成为国家发展、民族进步、社会和谐的重要基点。”

厦门理工学院历来高度重视党建和思政工作，始终坚持“以生为本”的办学理念，落实立德树人根本任务，坚持育人为本，德育为先。为贯彻落实习近平总书记关于家风建设的重要论述精神，学校进一步完善与深化2012年就已启动的“亲情教育”，让学生在大学期间不仅获得学业与技能知识，更能得到良好的亲情体验和训练，成为具有家国情怀和良好教养的“阳光、健康、有责任”的人。

一、项目主题与思路

培养亲情观念，树立家国情怀，把亲情教育与培育和践行社会主义核心价值观相融合，努力探索具有厦理工特色的思政工作新思路。学校坚持以亲情教育为重心，精心策划组织校园主题教育实践活动。迎新季主动向家长发出“亲情陪伴”的邀请，欢迎家长陪伴孩子入学、体验亲情旅行。寒暑假期，通过官方微信平台“厦理工 e 起来”积极倡导开展

"亲情陪伴"活动，向学生布置暑假"亲情作业"，积极培育"亲情观"，并且将此项工作与培育和践行社会主义核心价值观相融合，从情感认同入手，落实到实践行动，力促社会主义核心价值观内化于心、外化于行，实现与学生日常思政教育的有机结合，努力探索一条具有厦理工特色的思政工作新路，更好地促进学生成长成才。

二、实施方法与过程

只有具有浓烈亲情观念的人，才能体恤他人，关怀社会，成为有责任感的人。由学校党委林志成副书记亲自指导，具有厦理工特色的"亲情教育"体系应运而生。

（一）重视顶层设计，创新工作思路，以"亲情教育"为抓手，培育和践行社会主义核心价值观

为更好地促进学生成长成才，把亲情教育与培育和践行社会主义核心价值观相融合，学校努力探索一条具有厦理工特色的思政工作新路，通过利用寒假鼓励学生"回家过年"，利用暑假倡导"亲情陪伴"等方式，从情感认同入手，落实到实践行动，用润物细无声的教育方式让亲情入脑更入心，力促社会主义核心价值观内化于心、外化于行，实现与学生日常思政教育的有机结合，努力做到将思想政治工作贯穿教育教学全过程。

（二）以学生为本，从情感认同入手，让"亲情教育"更暖心

学校的思政教育始终坚持"以生为本"，给予学生更多的人文关怀。在寒假"亲情作业"的设置上，充分考虑当前大学生实际需求、具体状况和情感认同，采取鼓励式、渗透式和引导式的教育方法。其一，为了鼓励学生们回家过年，学校开展寓教于乐、互动有爱的"回家过年，e仔买单"活动。其二，学校主动开启快乐假期，引导学生分享家乡见闻、亲情瞬间。其三，学校还在微信平台上安排了深受广大e粉喜爱、极具厦理工元素的"春联征集令"与"除夕抢红包"等活动。以生为本，从情感认同入手，通过学校营造的"回家过年"、快乐假期的温馨气氛，让

“亲情教育”更暖心。

（三）以爱为主线，加强体验教育，让“亲情教育”更动情、入脑

亲情作为一种积极、正向的情感，虽然带有自然发生的一面，但更主要的是需要靠积极的引导力量促使其得到养成且不断提高丰富。学校设置了“一日 e 仔——我的亲情作业”征文活动，向学生开放平台主推文的位置，鼓励学生张开感性的触角体验回家过年、亲情陪伴的点滴。在此过程中，大学生不仅仅是教育对象，同时也是教育活动的主体。“快乐假期”互动社区的分享帖和“我的亲情作业”赢得了众多 e 粉在留言区和朋友圈的共鸣和回应，影响、感染了更多的学生用心完成这份特殊的“亲情作业”。

（四）构建家校生共同参与的教育体系，让“亲情教育”贯穿大学生思政教育始终

学校还注重亲情教育的系统性，构筑大学生自身、学校、家庭三者共同参与的教育体系，把亲情教育当成大学生思政教育的重要组成部分贯穿始终。在每年 9 月份迎新季到来之时，学校都会将《致新生家长的一封信》随同录取通知书一起寄出给新生，主动向新生家长发出“亲情陪伴”的邀请，欢迎家长来学校陪伴孩子入学体验亲情旅行，并见证孩子成长路上的这一重要经历。学校希望通过这种方式，让每一名学子都能体贴父母的心情。在今后的大学生活中，他们给父母的不仅仅是“饭吃了，澡洗了，在宿舍”三句话，还有浓浓的亲情和人生的情义。在这个过程中，家长也参与到学校的“亲情教育”体系中来，学校也鼓励家长持续关注孩子的成长，除了“吃饱，穿暖，注意安全”外，还有孩子成长过程中的苦与乐、悲与喜。

学校还将亲情教育与校园文化活动有机结合，引导学生在实践中感悟亲情，增强责任感。比如，在文明班级创建过程中班级学生主动邀请家长共同创建，共同见证学生的成长历程。在“素质养成主题周”活动中，学生通过“微笑”“分享”“感恩”“自省”体验亲情，感受亲情，使学生更加懂得什么是爱，如何去爱，如何感恩，变得更加有“人情味”。

三、主要成效及经验

（一）以“厦理工 e 起来”为主要阵地，线上线下共育“亲情教育”

让科研评价回归科学

政协委员热议科研评价体系创新

行政事务太多让科研人员分心劳神

厦门理工学院“亲情教育”暖人心

武汉生物工程学院启动优秀校友评选活动

教育展台 11

厦门理工学院

“亲情教育”诠释“大爱”

走进双中实验 风景这边独好

——成都双流中学实验学校综合实践活动课程风采纪实

《中国青年报》：《厦门理工学院“亲情教育”暖人心》

《中国教育报》：《“亲情教育”诠释“大爱”》

学校“因事而化、因时而进、因势而新”，以官方微信平台“厦理工 e起来”为主要阵地，开展亲情教育。以 2017 年寒假为例，学校开启快乐假期，引导学生体验亲情、分享亲情，精心设计的活动让“亲情作业”暖心、动情、入脑。寒假期间，“亲情作业”吸引了 51 余万人次总访问量，亲情教育取得了良好效果。不仅如此，人民网、《人民日报》《中国日报》、光明网、《厦门日报》等多家主流媒体相继报道或转载我校“亲情红包”活动，“亲情作业”受到媒体广泛关注，也引发了社会热议。《人民日报》、青报网、华声在线等媒体刊发表评论文章，厦门市委宣传部副部长、厦门日报社社长李泉佃在《厦门日报》专门撰文《为厦门理工学院的“亲情作业”叫好点赞》。《中国青年报》《中国教育报》《福建日报》更是聚焦我校亲情教育，分别做了题为《厦门理工学院“亲情教育”暖人心》《“亲情教育”诠释“大爱”》《厦门理工学院培养有情怀的学生》的深入报道。以厦门理工学院的寒假“亲情作业”为窗口，引起了社会共振，让更多的人对亲情教育有了共鸣。

（二）学校倾情解囊，“e仔买单”助燃“亲情教育”

学校的思政教育始终坚持“以生为本”，给予学生更多的人文关怀。在寒假“亲情作业”的设置上，充分考虑当前大学生实际需求、具体状况和情感认同，采取鼓励式、渗透式和引导式的教育方法。其一，为了鼓励学生们回家过年，学校开展寓教于乐、互动有爱的“回家过年，e仔买单”活动。学校专门准备了10万元的“亲情红包”，通过分期刮奖的方式，为200位回家过年的学生报销最高500元额度的往返路费。活动累计吸引了22403人次热情参与，提高了学生主动完成“亲情作业”的积极性。其二，学校主动开启快乐假期，引导学生分享家乡见闻、亲情瞬间。假期一到，“厦理工e起来”微信公众号平台上的“快乐假期”互动社区板块就活跃起来，已经离校回家的学生们热情地通过最直观的图片与文字，介绍回家旅途见闻与家乡的年味、年俗，分享回家过年、亲情陪伴的体会与感触。校生联系不断线，创造了122870人次参与话题互动的记录，营造了浓厚的年味和亲情氛围。其三，学校还在微信平台上安排了深受广大e粉喜爱、极具厦理工元素的“春联征集令”与“除夕抢红包”等活动。1500余名才华横溢的e粉热情参与对联创作，与理工和“亲情作业”相关的妙句佳对更是期期刷爆留言区。以生为本，从情感认同入手，通过学校营造的“回家过年”、快乐假期的温馨气氛，让“亲情教育”更暖心。

（三）用爱体验，用心感恩，送学生一把打开亲情之门的钥匙

学校在“厦理工e起来”微信平台上设置的“一日e仔——我的亲情作业”征文活动，是面向学生开放平台主推文的投稿机会，鼓励学生张开感性的触角体验回家过年、亲情陪伴的点滴。活动共收到师生投稿70多件，先后向4万多e粉推送文字优美、真实感人的文章14篇。2016

级海峡商贸学院学生范辰隽第一次带着“亲情作业”回家过年，走过的是家人常走的路，但生出了跟往常不一样的感慨。他发现，爸爸的背不再那么笔直，爷爷的皱纹更多了，“因为走过你来时的路，就更懂得你的不易与深情”。征文活动是一把促使学生打开亲情之门的钥匙，从真实的生活出发，以爱为主线，通过学校的积极引导，触发了学生的亲情体验和感恩意识，让学生更发自内心地关爱家人、珍惜亲情，树立正确的亲情观念，从而达到良好的教育效果。

亲情作业分享会

在此过程中，大学生不仅仅是教育对象，同时也是教育活动的主体。“快乐假期”互动社区的分享帖和“我的亲情作业”赢得了众多 e 粉在留言区和朋友圈的共鸣和回应，影响、感染了更多的学生用心完成这份特殊的“亲情作业”。e 粉通过不同的方式表达“亲情作业”给自己带来的改变和冲击。活动的精心设置，激发出了大学生自我教育的能力和效果，让亲情作业入脑更入心。

（四）家校生共同参与，“亲情教育”永不断线

学校注重亲情教育的系统性，构筑大学生自身、学校、家庭三者共同参与的教育体系，把亲情教育当成大学生思政教育的重要组成部分贯穿始终。2015 年 9 月 14 日，《厦门日报》大篇幅报道我校力邀家长送孩子上大学的举措，并在微信平台同步开展网络调查，95%家长赞成大学邀请家长送孩子报到，这能让父母见证孩子人生中一个重要时刻，有利于培养亲情。

四、下一步加强和改进的计划

“亲情教育”是厦门理工学院给予学子们的一份礼物，也是学校展现

社会担当的重要举措。今后还将从以下几个方面加强和改进此项教育。

（一）深度开发“厦理工 e起来”微信公众号等线上教育平台

学校将继续按照思政工作“因事而化、因时而进、因势而新”的新要求，以官方微信平台“厦理工 e起来”为主要阵地，深度开展亲情教育。努力把准学生的思想脉搏，积极回应学生思想关切；牢牢抓住学生思想政治教育的时代主题，捕捉思想政治工作时机，因时制宜、应时而动、顺时而进；结合世界新变局、社会新变革，适应广大学生网上学习生活的新常态，推进高校学生思想政治工作创新发展。

（二）深入研究探索教育新方法，创新线下“亲情教育”举措

结合思想政治教育课程改革，创新教育方法，建立新型和谐的师生关系，从课堂入手，打造师道既尊、学风自善的好风气。深入开展文明班级、文明宿舍创建、周末文化集市、国学夜话等厦理工特色的主题活动，创新线下亲情教育举措。

（三）继承中华优秀传统文化，打造富有底蕴的“亲情教育”

中国优秀传统文化是中华民族的灵魂和各种先进思想源泉。继承优良的传统文化，对解决大学生亲情问题，丰富亲情教育的内容，具有重要的作用。在以后的教育活动中，拟将仁爱思想、孝道文化、爱国精神、重视人伦关系等理论深度融入亲情教育体系中，加深此项教育的文化底蕴。

（四）深入开展家校合作，校内校外共同浇筑“亲情之花”

继续研究探索“亲情教育”的系统性，开放性，构筑大学生自身、学校、家庭三者共同参与的教育体系，尤其是家庭的参与度，把“亲情教育”当成大学生思政教育的重要组成部分贯穿始终，同时彰显学校的社会担当，校内校外共同培育“亲情之花”。今后还将就“亲情教育”深入开发家校合作领域，扩大教育和实践活动覆盖面，不仅在迎新等活动中欢迎学生家人的参与，更要纵深开发多种家校互动形式和内容，让“亲情之花”处处开放，时时开放。

周末文化集市，让“阳光雨露”惠及每一位学生

厦门理工学院

在厦门理工学院，周末文化集市已经成为校园里一道亮丽的风景线，周末相约去文化集市成了学生最喜爱的一项活动。与之配套举行的“网上文化集市”更是受到学生热烈追捧，期期爆满，精彩纷呈。

周末文化集市是学校“阳光雨露计划”和团中央“三走”主题活动的重要载体，在活动的影响下，数以万计的学生走下网络、走出宿舍、走向操场，在参与集市活动的过程中，充分享受阳光的照耀和雨露的滋润，从而健康、快乐、自信地成才成长。

一、项目主题与思路

为什么要举办周末文化集市？

第一，改变传统校园文化活动“少数人参与、多数人围观”的现状，主动“降低舞台高度”，让更多的学生有机会参与进来，展现自己，锻炼自己，成为校园文化活动的“主角”，实现校园文化从“精英”到“平民”的转变。

校党委林志成副书记指出，传统的校园文化活动，真正能登台展示的学生毕竟是少数，一般是具有唱歌、跳舞、乐器等文艺特长的少部分学生的“专利”，大多数学生只能当观众。而对学生的成才成长来说，这样的教育是远远不够的。

有鉴于此，校团委精心设计策划周末文化集市，把它作为学校“阳光雨露计划”的一项重要载体。所谓“阳光”指的是：不仅要让朝南的窗户照进阳光，也要让朝北的窗户阳光普照。那些经常登台的学生就是

朝南的窗户，那些只能当观众的学生就好比朝北的窗户。所谓“雨露”指的是：一滴露珠对于一颗幼苗而言，远不是它的全部，但挂着露珠的幼苗，总是更加生机勃勃。

开展周末文化集市就是为了挖掘更多学生身上的闪光点，让他们有更多机会展现自己，锻炼自己，让他们也能够成为校园文化活动的“主角”，在参与活动的过程中收获自信、快乐和成长，真正得到阳光的照耀和雨露的滋润。

第二，改变“宅男宅女”现象，最大限度地调动大学生的参与热情，共同创造并享受大学文化，帮助大学生养成健康、活力生活方式，促进身心健康发展。

周末文化集市展位：手绘创意环保袋

在网络时代，沉迷于网络、蜗居于宿舍的宅男宅女不在少数，这种现象对大学生的身心健康造成了不利影响，已经成为大学校园里一个突出的问题。举办周末文化集市，就是希望以其创意、活力、互动性强、多样性突出的特点，有效吸引学生积极参加到健康向上的课外活动中来，养成良好的生活方式，从而促进大学生身心健康发展。

第三，保护大学生的自信心和自尊心。

周末文化集市为学生提供了更多展示风采的机会，原本缺少展示机会的学生，通过集市展示才艺，自信心得到了很好地锻炼和增强，自尊心也得到了保护，对于学生健全人格的养成起到了促进作用。

二、实施方法与过程

“不论才艺是否出众，只要有热情，有意愿，就可以来展示风采。”——这是周末文化集市打出的旗号。相较于传统的校园文化活动，周末文化集市具有四个特点：

第一，降低舞台高度，拓宽舞台宽度。该活动一改过去只有技能出众的人才有机会参与的传统，跳出传统校园文体活动“唱歌、跳舞”的形式，面向广大学生，向所有形式的文化开放，只要自己愿意，则每个学生都有机会参与其中。“全民参与”的形式，极大地激发了广大同学的参与热情。

第二，尊重个人创造。所有展位都由学生自己装饰、布置，由学生自己确定展示的内容和展示方式，学生的主动性得到了极大的激发，创意得到了极大的释放。

第三，利用新媒体，活动由地面活动上升到网络展演，地面活动与“网上文化集市”相辅相成，量质齐升。2015 年，校团委充分利用学校官方微信平台“厦理工 e 起来”，将“周末文化集市”进一步升级为线上、线下同步联动开市，除了现场版的“周末文化集市”，更有线上版的“网上文化集市”。

周末文化集市展位：DIY 手工制作

“网上文化集市”活动进一步突破场地限制，给学生更多自由和创新空间，显著扩大了参与面。自线上活动开展以来，到“网上文化集市”晒才艺、赏才艺成了厦理工校园里的热门话题，各路达人纷纷涌向“网上文化集市”板块一展风采：书法、篆刻、剪纸、绘画、摄影、泥塑、插花、勾线、建筑模型……各类才艺作品层出不穷，精彩纷呈。

只要有热情，有意愿，“足不出户”就能展示个人才艺和技能，“动动手指”就能欣赏“网上文化集市”。发帖、点赞、评论、转发、分享……“网上文化集市”极大点燃了学生的参与热情和创作激情，自开设以来，短短一年多时间，话题量已突破7000个，访问量更是高达50多万人次。

学校充分发挥微信平台的作用，利用网络丰富育人空间，充分发挥网络阵地正能量，使“周末文化集市”这个品牌活动档次更高，人气更旺，受益面更大，有效提升了学校校园文化的整体品质。

三、主要成效及经验

周末文化集市（含“网上文化集市”）自开展以来，深受学生欢迎，场场爆满，次次精彩，取得了非常好的效果。活动被《光明日报》、福建教育电视台、中国教育新闻网等主流媒体相继报道。

第一，参与人数暴涨，参与面显著扩大。据调查，传统校园文化活动，能够覆盖到的学生人数比例大约局限在20%，而周末文化集市（含“网上文化集市”）则吸引了超过80%的学生参与其中，参与面显著扩大。

现场版的周末文化集市至今已开展近100场，项目展位累计近3千个，超10万人次的学生因此走出户外，参与活动，积极拥抱“阳光”，尽情感受“雨露”。“网上文化集市”更是人气爆棚，自开设以来，短短一年多时间，话题量已突破7000个，访问量更是高达50多万人次。

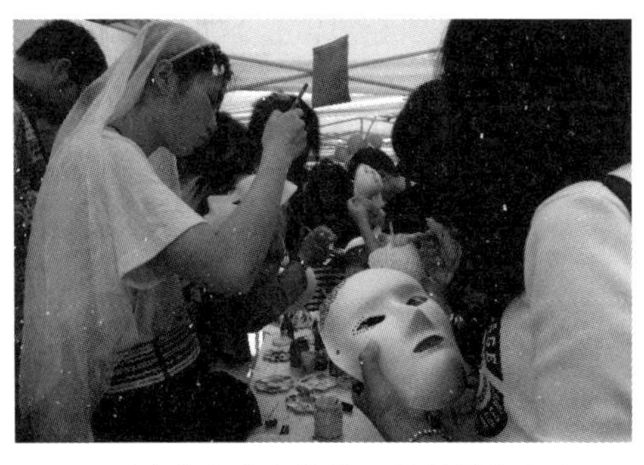

周末文化集市展位：绘制创意面具

第二，大批学生获得机会，在活动中展示了自己的“过人之处”，极大地保护了学生的自尊心和自信心。而这些“过人之处”在传统的校园文化活动中是很难登大雅之堂，很难获得表现机会的。

第三，学生在阳光的照耀和雨露的滋润中，收获自信、欢乐，身心得到健康发展。学生从原本的“宅男宅女”逐渐蜕变为周末文化集市（含“网上文化集市”）的常客与“达人”，在缤纷多彩的集市活动中展示风采、切磋才艺，收获健康与欢乐，变得更加自信与乐观。

第四，活动辐射力不断扩大、增强。目前，该活动的活力倍增，陆续有学生家长已经不满足仅仅“围观”，也参与到“网上文化集市”中来展示书法等作品。华侨大学、福州大学厦门工艺美院、诚毅学院、华厦学院等兄弟院校的学生也慕名前来参与地面和“网上”的文化集市活动，观摩并展示自己的作品。

四、下一步加强和改进的计划

校团委将继续把周末文化集市作为学校“阳光雨露计划”和“三走”活动的重要载体，在原有的基础和成效之上，不断进行巩固、完善和提高。在服务好本校学生的同时，进一步扩大和兄弟院校的互动，并考虑定期将集市优秀的作品、才艺主动送到相关村居社区，为丰富村居社区的精神文化生活、助力和谐社会的建设贡献青春智慧和力量。

以文育人承传统　化德为行践理想

——中华优秀传统文化融入大学生思政教育的探索与实践

莆田学院

党的十八大以来，习近平总书记对传承发展中华优秀传统文化做出一系列重要论述，指出“博大精深的中华优秀传统文化是我们在世界文化激荡中站稳脚跟的根基”，“中国特色社会主义植根于中华文化沃土”，“要认真汲取中华优秀传统文化的思想精华和道德精髓”，深刻揭示其地位作用，集中阐明了我们党对待传统文化的立场态度。新时期加强改进大学生思想政治教育工作任重而道远，结合优秀传统文化资源，探索培育和践行社会主义核心价值观有效方式，成为影响着高校育人格局的重要一环。

一、项目主题与思路

目前大学生的价值观现实状况，主流是积极、健康、向上的，但毋庸讳言一些学生也存在着所谓“人生理想实际化、价值标准实用化、个人追求实在化、行为选择实惠化”的思想和行为。对大学生进行社会主义核心价值观教育，不仅非常必要而且十分紧迫。但教育不可能一蹴而就，当前对学生的思想政治教育离不开日积月累的中华优秀传统文化的熏陶和滋养。中华优秀传统文化是进行大学生核心价值观教育不可或缺的重要源泉，它能使大学生认知和亲近中华五千年的灿烂文明，切实增强大学生对民族文化的自信、自觉和爱国情感。因此，在大学生思想政治教育过程中，强调“以文化之”，注入中华优秀传统文化教育具有重要的历史和现实意义。

多年来，中华优秀传统文化教育一直是莆田学院文化与传播学院的一个重要育人理念，旨在向大学生传递中华传统文化的基本价值，将人文教育与专业教育相结合，将传统与现代相结合，使学生受到良好的思想道德教育、人格品质教育和理想情操教育，引导学生树立践行社会主义核心价值观，促进学生健康成长和全面发展。

二、实施方法与过程

本项目利用学院特色，传播中华优秀传统文化——人文思想（孔孟之道、儒家之学等），文化精粹（汉字、楹联、礼仪等），艺术（书法、国画、戏曲、舞蹈、音乐等），民俗风情（节日、节气、民间艺术、生肖等），衣食住行（服饰、饮食、器物等）等。结合各专业特点，利用本校本地资源，集专业性、地域性、思想性和实践性为一体，将中华优秀传统文化教育融入大学生专业学习和思想政治教育中。

（一）优化整合教学资源，人文教育与专业教育有机结合

学院设立人文通识部，协调开设本院及其他学院中华传统文化相关选修课程，优化整合现有教师资源，结合转型发展契机，将中华优秀传统文化课程纳入教学体系，使人文教育与专业教育有机结合起来。

发挥思想政治理论课的主渠道教育作用，在大学生思想政治教育有关课程中，增加中华优秀传统文化（妈祖文化）有关内容，把优秀传统文化丰富的内容与教学改革创新的形式结合起来，增强思想政治理论课教学的针对性、实效性、说服力和感召力，充分发挥思想政治理论课的主渠道作用，进一步加强对学生的中华优秀传统文化的教育与熏陶。2016 年 1 月，莆田学院依托文化与传播学院，进行了大胆的教学改革实践，创办了首届“妈祖文化传播人才培养特色班”，向全校各学院招收学生。特色班重点培养妈祖文化活动策划、妈祖文化调研、妈祖文化宣传、妈祖文化交流、妈祖文化生态保护、妈祖文化产业管理等相关工作的应用型专门人才，与莆田地方文化的代表——妈祖文化联系紧密，又切实为地方传统文化传播提供了人才支持。在教学过程中，将妈祖“仁爱、正义、勇敢、和平”的精神作为社会主义核心价值观的本地化的鲜活教

学内容，融入大学生思想教育课之中，让每位学生都能了解妈祖文化、宣传妈祖文化、实践妈祖精神，为弘扬中华传统文化（妈祖文化），促进大学生核心价值观培育提供了有利条件，也为项目实施提供了具体的实践平台。

（二）积极挖掘优秀传统文化，拓宽校园文化活动平台

通过课堂外活动开展思想政治教育，开展以中华优秀传统文化为主题的校园文化活动和社会实践活动。

“中华文化伴我行”传统文化知识竞赛

1. 举办中华传统文化艺术节活动。每年以形式多样的主题活动为载体，积极打造传承和弘扬优秀传统文化平台，将优秀传统文化融入校园文化中，通过传统文化主题展演、高雅艺术进校园等方式，开展挖掘中华传统美德，努力探索出中华优秀传统文化传承的新模式。2016 年 12 月结合各专业特色举办第五届中华传统文化艺术节，寓文化性、知识性与教育性为一体，组织了汉字听写大赛、“诗与远方”朗诵比赛、“十二生肖”明信片设计大赛、“莆田传统美食”摄影大赛、“中华文化伴我行”传统文化知识竞赛等活动。每项活动各专业学生都踊跃参加，诞生许多优秀作品。在中华传统文化艺术节闭幕式上还为全院学子上演经典莆仙戏《状元与乞丐》，让学生们进一步了解莆仙戏曲文化，传承经典，记住乡音。

2. 结合传统节日开展特色文化活动。以清明节、端午节、中秋节、重阳节等中国传统节日为契机，开展各类主题班会，结合社会主义核心价值观这个根本，以学生广泛参与为关键，深入挖掘传统节日的文化内涵，积极丰富传统节日的形式和载体，着力营造健康文明的节日氛围，弘扬中华优秀传统文化。

3. 依托学生社团开展各类传统文化艺术活动。依托学院“五月诗社”“茶文化研究社”“杨式太极拳社”“湖畔剧社”“旗袍协会”等学生社团，开展茶文化、服饰文化、诗歌、书法等中华优秀传统文化相关文化艺术活动，丰富学生课余生活，倡导大学生以优秀传统文化修身养性，在点滴中领悟优秀传统文化带来的魅力，加强对学生传统文化的熏陶教育。茶文化研究社定期开展品茗活动和茶艺传授交流活动，与莆田市农业局、莆田市海峡茶叶交流协会合作于涵江区庄边镇上院村举办采茶活动，带领学生们在亲身体验中认识了茶艺、茶文化。杨式太极拳社定期开展太极教学和交流活动，在校园内吸引众多师生的参观和学习，社员多次受邀参加各类文艺表演。五月诗社和木兰溪文学社集结文学爱好者，开展诗歌等文学作品交流分享会，并积极投稿参赛，学院有五位学子获得 2016 年全国大学生文学作品大赛三等奖。在书法艺术上，多次组织书法比赛发掘培养优秀人才，棘欢乐同学在福建省第六届学生规范汉字书写大赛中获得高校组硬笔二等奖的好成绩。

茶文化研究社茶艺演示学习

4. 弘扬国学文化，提高道德修养。在低年级开展国学讲堂，邀请有关著名专家、学者开展讲学活动。各班级拟定传统乐器、国学名著、传统服饰和礼仪等主题，对传统文化进行学习内化，大力传播中华传统文化

学生组织汉服文化沙龙活动

知识，弘扬中华民族优秀传统文化。在高年级开设道德讲堂，在学习弘扬传统文化知识的基础上，对学生进行核心价值观教育，把学习弘扬传统文化知识和树立核心价值观有机结合起来。与莆田市社科联和莆田市琴筝研究会共同举办“把遗产交给未来——古代文人与音乐”的古琴文化讲堂，对古琴、诗歌等优秀中华传统文化进行介绍交流和体验，使同学们对古典乐器和音乐有了进一步的认识，更加了解保护中华优秀传统文化的重要性。新闻专业学子在莆阳书院组织开展汉服文化沙龙活动，吸引了全校众多学子参加，汉服文化爱好者身穿汉服，交流汉服文化的历史和传承，学习古人见面礼仪，致敬中华传统文化。

5. 开展经典电影进校园活动。2016 年 10 月 22 日，联合华彩电影城，开展“经典电影进校园”活动，近三百学生共同观影，用优秀的传统经典电影教育影响学生，接受传统文化正能量的教育熏陶。

（三）充分利用新媒体网络平台，助力优秀传统文化推广普及

充分发挥网络平台的育人效果，利用多媒体创新教育形式，充分利用学院网站、微信、微博、易班等平台，开设中华优秀传统文化专栏。结合一些传统节日等重要节点，精心策划专题活动，凸显优秀传统文化的魅力，在全体学生中营造中华优秀传统文化大讨论、广传播的文化氛围。借助丰富的网络素材，新媒体团队将传统文化进行内容上的更新、形式上的包装，以更容易被大学生接受的方法进行隐性教育。

（四）开发本土文化资源，弘扬妈祖文化精神

妈祖文化作为传统文化的重要组成部分，也是具有鲜明特色的本土文化教育资源。妈祖文化中的“仁爱、正义、勇敢、和平”精神与“富强、民主、文明、和谐、自由、平等、公正、法治、爱国、敬业、诚信、友善”契合，可以直接服务于大学生社会主义核心价值观的培育。

学院已举办五届妈祖文化艺术节，逐渐形成校园文化品牌活动。每年围绕妈祖文化主题，结合各专业举办活动，包括妈祖文化讲座、妈祖文化知识大赛、妈祖文化 T 恤设计大赛、妈祖微电影拍摄、妈祖祭祀仪式表演、妈祖诗词楹联创作、妈祖精神传递志愿者服务等，学习弘扬妈

祖文化精粹，吸收优秀传统文化丰富的营养同时，也在活动过程中进一步提高了学生的实践能力，提升了学生的综合素质。

三、主要成效及经验

学校和学院历来十分重视开展学生思想政治教育活动，特别大力支持开展中华优秀传统文化和妈祖文化主题教育实践活动，打造校园文化活动品牌。在师资上给予支持，指派在传统文化和妈祖文化方面有造诣教师对活动开展进行专题指导和支持；在经费上给予支持，开展相关宣传教育实践活动。

莆田学院文化与传播学院通过开展“两个课堂”（国学讲堂、道德讲堂）和“两节”（中华传统文化艺术节、妈祖文化艺术节）活动，在全院学生乃至全校学生中开展“以文化之”系列弘扬中华优秀传统文化活动，借中华优秀传统文化，培育学生良好的思想道德情操，提高学生人文素养和综合素质。学院每年举办的中华传统文化艺术节和妈祖文化艺术节，已逐渐形成学校两个校园文化品牌活动，其中妈祖文化艺术节活动2016年荣获福建省委宣传部“全省高校精品校园文化活动”二等奖。

之所以在中华优秀传统文化教育上能够取得一定成效，主要原因有二：一是在于重视把握中华优秀传统文化内涵，将中华优秀传统文化教育贯穿学生专业学习和思想政治教育过程中。根据各年级学生特点进行展示、传播和教育，通过展示、寻访、体验、交流等方式，结合各专业特点，开展学生所喜闻乐见的活动，让学生在学习实践中更深入地了解并传承中华优秀传统文化。二是充分利用本校本地资源，结合本土文化特色，汲取妈祖文化精粹，集专业性、地域性、思想性和实践性为一体，形成校园文化特色，将中华优秀传统文化内化和滋养于大学生心中，推进真正意义的素质教育。

四、下一步加强和改进的计划

“没有文明的继承和发展，没有文化的弘扬和繁荣，就没有中国梦的实现。”当前高校思想政治工作中立德树人是中心环节，学院将继续坚持以文化人、以文育人，结合时代特点对中华优秀传统文化加以继承和发扬，引导大学生践行社会主义核心价值观，实现中国梦。

（一）明确主题，扩大影响

因中华传统文化的特点，活动的受众不限，今后希望能够明确主题，扩大影响，通过开展系列传播和实践活动，在全院学生乃至全校学生中开展“以文化之”系列弘扬中华优秀传统文化活动，借中华优秀传统文化，培育学生良好的思想道德情操，提高学生人文素养和综合素质。除了举办现有的活动外，拟与学校有关部门合办开展更大、更多全校性的传统文化活动，共同营造继承和弘扬中华优秀传统文化的校园氛围，充分发挥中华优秀传统文化的思想政治教育功能，进一步宣传弘扬社会主义核心价值观，在学生中培育道路自信、理论自信、制度自信、文化自信的观念，引导学生积极了解、主动传播中华优秀传统文化，厚积人文底蕴，激发民族精神，树立社会主义核心价值观。

（二）丰富载体，持续深化

要在推进优秀传统文化教育过程中，注重形式上的灵活性和实践性，更要重视内容上的思想性和深入性。优秀传统文化应该在全体大学生中得到广泛传播和弘扬。面对快速发展的社会趋势和不断变化的大学生思想状况，在促进优秀传统文化进校园、进头脑之时，需要因时而变、因地制宜，迎合潮流趋势，贴近学习生活实际，更多地利用各类媒体资源，更多地采用学生喜闻乐见的活动方式，更多地结合核心价值观理念，传递正能量，形成常态化教育模式。

“中国经典”读书社

——以学生为主体的思政第二课堂创新实践

阳光学院

党的十八大以来，习近平总书记多次强调思想政治教育的重要性。高校思想政治教育要发生质的飞跃，必须坚持以马克思主义理论为指导，紧密结合时代状况和青年学生的特点，不断自我批判、与时俱进，才能应对挑战、实现创新。

本团队致力于研究和探索如何更有效地用马克思主义理论和中华优秀传统文化武装大学生头脑，引导大学生树立正确的世界观、人生观和价值观，建构有效的“第二课堂”对“第一课堂”进行补充和升华。团队整合校内外资源，成功组织了“红色经典读书社”“国学读书社”“良知社”等经典读书社，不断优化第二课堂，以学生为主体，打造共同读经典的“学习共同体”模式，使研习经典、学习理论变得更具有常规性、普遍性和趣味性，受到师生的一致好评。

一、项目主题与思路

成立“中国经典”读书社，优化第二课堂，探索用马克思主义理论和中华优秀传统文化武装学生的新方式和新途径。以读书社为载体，组织常规的线上和线下读书会，增强师生互动，激发学生学习和践行马克思主

读书社每周经典讲座

义的自觉和兴趣，延伸和补充本校思政第一课堂。以“微信群百日会读、线下读书会、思政舞台剧、红色文化周、实践论文报告会”五大品牌活动为抓手，提升理论学习的自觉性和深刻性。以构建理论增长实时考核机制为手段，精准化地保障学习的成效。以网络新媒体（微信、微博等）育人优势为突破，创新理论学习成果的宣传与落地。“学术共同体”型的团队效应，以经典理论武装学生的模式创新，在提升理论学习趣味性、深刻性、长效性、实践性上发挥了重要的功能。

二、实施方法与过程

（一）依靠优势资源，成立红色经典读书社

本项目团队以我校马克思主义学院、阳明文化研究院和全省第一个民办高校国学研究院为依托平台，通过前期组织对大学生的调研总结，于2012年开始策划，逐步成立了“红色经典读书社”“国学读书社”和“良知社”等社团。

读书社每周经典论坛

“中国经典”读书社是一个以青年学生为主体，学习红色经典和中华优秀传统文化，交流思想见解的学生社团。由马克思主义学院常务副院长杜云博士、学科带头人刘瑾辉教授、教研室主任江峻任副教授、金莉老师、于芙蓉老师、郭翠翠老师等担任学术指导老师，由学工处郑雪边老师、思政陈志平老师共同担任读书社组织指导老师，并聘请福州大学杨毓团博士、薛美秀博士等外校教师担任讲座老师。现有办公室、外联部、宣传部、组织部以及习近平治国理政思想研读小组等八个理论研读小组，分别负责读书社的人事、赞助、宣传、电子数据库、读书、研讨、考察活动的实施以及线上线下学习活动的落实。

（二）创建五大思政品牌活动，提升理论学习自觉性

传统思政教育具有缺乏趣味性、抽象晦涩、参与度低、知行脱节等弊端，有鉴于此，项目团队指导学生策划和开展“微信群百日会读、线下读书会、思政舞台剧、红色文化周、实践论文报告会”五大品牌活动，实现从消极型“被动灌输”到积极型“主动学习”的转变。

“微信群百日会读”。即选一本经典著作，如《摆脱贫困》《习近平谈治国理政》《资治通鉴》等，用100天时间，共同品读；每天线上打卡，选定章节朗诵录音并上传。撰写阅读心得一篇上传，指导老师择优点评，心得在结束时汇总编辑成册。

“线下读书会”。每个月就阅读主题举办一场“线下会读”，由学生担任主讲，其他社员现场提出问题，指导老师参加并做穿插和总评发言，现场与学生互动，效果良好。

教师团队带领学生诵读经典

“思政舞台剧”。用原创的情景剧、小品、相声等形式讨论演绎课程内容、当下

重要时政事件、热门话题，学生用马克思主义的立场、观点、方法剖析和探讨有关问题。在学年末，举办全校性的“思政舞台剧大赛”，效果显著。

“红色文化周”。每个学期，选择七一、十一及伟人诞辰等特别日子，以本周为时间跨度，开展大家一起来了解历史故事、历史人物、历史知识的活动，在图书馆和相关院系展开宣传，举办知识竞赛，扩大影响。

“实践论文报告会”。以大学生暑期思政课社会实践活动为契机，指导学生完成思政社会调查，了解和发扬福建红色文化，对学生论文进行指导和完善，举办全校性的大学生优秀实践论文报告会，已汇编文集多本。

（三）构建实效考核机制，保障学习成效

一是设立成长勋章。学生经申请批准后，成为“中国经典”读书社一员，由副社长和办公室主任负责学生的建档工作，记录包含学生的第一课堂成绩、活动参与积极性评分、撰写的学习心得、参加理论类竞赛的荣誉证书、特别贡献证明等，以此为依据给学生授勋并晋级。

二是追踪成长过程。各读书小组负责常规的记录跟档，指导老师不定期翻阅学生的学习档案，了解学生的活动参与、心态变化、心得撰写的水平等，对学生会读经典的疑难问题作阶段性指导。

三是树立学习典范。对具有较强阅读能力、写作能力或组织能力的同学，或给读书社作出特别贡献的骨干分子、团队进行择优表彰，并举办交流会，邀请学习典范分享阅读红色经典和坚定信仰的心路历程，给新同学作出表率。

三、主要成效及经验

（一）学生思想方面成效

1. 第一课堂学习氛围变好，学习成绩提升。据统计，“中国经典”读书社成员思政课成绩在80分以上的达到89%，在课堂互动和专题主讲中，95%以上为红色经典读书社成员。

2. 增进了大学生对马克思主义和中华优秀传统文化的深度认识。由过去的不了解、感觉枯燥厌烦，到现在的不断增进认识，从原著中了解，在研讨中交流，到实践中运用，在认知理论的过程中不断坚定信仰，实现知行合一。

3. 构建了学习红色经典和中华优秀传统文化的良好校园氛围。在读书社成员的带动下，越来越多的大学生增进了对马克思主义的了解，并逐渐形成了自觉意识，主动参与到读书、研讨活动中来。

（二）读书社的扩大和衍生成果

1. 2016 年，依托马克思主义学院的红色经典读书社正式获批。

2. 2017 年，依托马克思主义学院的国学读书社正式获批。

3. 2017 年，依托马克思主义学院的良知社正式获批。

4. 2017 年，依托马克思主义学院的中国经典读书社正式获批。

（三）社会反响方面成效

1.2017 年，举办阳光学院第五届读书月闭幕式暨电信飞 young 书香杯三校大学生悦读书评征文颁奖典礼。本次征文比赛中获奖的文章还将编辑成册正式印刷出版，掀起榕城高校经典阅读之风。

2.2017 年，依托读书社的我校“青春扶贫队”获福州市“五四青年奖章集体”荣誉称号。团队成立两年多来，共计 135 人次深入宁德市屏南县、霞浦县调研，挖掘各类文化资源。为宁德市屏南县多项文化资源的保护和开发提出建议和对策，并在智力、技术、销路等方面为宁德市提供公益扶贫。

3. 2017 年，由省教育厅、团省委联合开展的第四批大学生社会实践基地评选结果公布，依托中国经典读书社的船政文化大学生社会实践基地成功获批，是取得省级思政实践基地之后的又一个突破。

4. 2017 年，马克思主义学院杜云博士领衔进行的思政第一课堂和第二课堂有效对接的实践教学改革新模式，成功获批“2017 年福建省中青年思想政治理论课教师择优资助计划”，这是我校思政课教改的又一个新成果。

（四）模式创新的经验

1. 学习系统上，“第二课堂”与“第一课堂”相结合。思想政治理论课是马克思主义教育的主渠道，将思想政治理论课向第二课堂延伸，可以增强教育教学的感染力、趣味性、说服力和实效性。

2. 管理模式上，自由的粗放式管理与集中的指导性管理相结合。既要鼓励大学生开展丰富多彩的课外活动，也要加强对第二课堂的引导和完善，把中国特色的理论和优秀传统文化内容融入其中，在全校形成学生自觉自愿自主开展红色经典学习活动的舆论氛围。

3. 教育风格上，注重立足当前与面向未来相结合。既要满足青年学生“脚踏实地”的一面：丰富大学生活、提高综合素养和实现顺利就业的现实需要，也要引导青年学生“仰望星空”的一面：树立信仰，增强社会责任感。

四、下一步加强和改进的计划

总结经验，反思教训，进一步需要做的工作是：

（一）拓展和完善学习平台。探索和建构网络学习、研讨、宣传的平台，进一步完善线上线下双轨读书活动，利用网络的便捷式和黏性特质，提升理论学习的广度，增强思想的深度。

（二）参与和承办学术活动。争取国家、省级、市级等各种级别的学术主题论坛主办权及全国性学会研讨会承办权，以会议承办助推经验交流，提升学术氛围。

（三）改进和加强人才培养。探索卓越马克思主义理论人才培养的有效途径，推动马克思主义理论在高校学生中的传播和弘扬，不断提升大学生马克思主义理论和中华优秀传统文化学习和研究的专业化、科学化水平。

完成目标任务的时间安排：

1. 1月—2月，召开项目组会议，制定和完善项目规划。

2. 3月—6月，按照规划举行活动，总结反思，请专家指导。

3. 7 月—10 月，组织师生，联合外校举办活动，并撰写报告。

4. 11 月—12 月，组织项目组成员，编写结题报告，圆满结题。

学校给予的条件和政策保障：

1. 学校党委、马院、宣传部、学工处、总务处等各部门形成联动机制，配合读书社活动。

2. 学校将划拨专用配套经费，支持读书社相关会读、编撰、外联等活动。

3. 学校提供读书社场所和 100 平方米的学术报告厅。

4. 学校给项目组老师以时间保障，让老师能够安心指导读书会活动。

青年FM工作室开启思想政治教育视听新体验

厦门大学

高校是思想政治教育重地，在网络新媒体飞速发展的当下，青年学生成为“网军主力”。为深入贯彻落实全国高校思想政治工作会议精神、习近平总书记在网络安全和信息化工作座谈会的讲话精神和《关于进一步加强和改进新形势下高校宣传思想工作的意见》《中共中央、国务院关于加强和改进新形势下高校思想政治工作的意见》要求，思想政治教育需要紧跟时代发展的趋势，把握好青年学生的话语体系，利用学生“经常用”的媒体平台和传播渠道，使用学生“乐意听”“听得懂”的表达方式，采用主题鲜明、形式多样、内容丰富的网络文化作品，使思政教育达到入脑入心、润物无声的效果。厦门大学采用成立网络文化工作室的做法推动网络文化建设，其中“青年FM”工作室利用“新媒体＋电台”的形式，开展主题教育、传播正能量、倾听学生心声、做好舆情管控，带给青年学生视听新体验，成为学校思政教育工作的得力助手。

一、项目主题和思路

在信息技术飞速发展的当下，网络不仅为在校大学生们提供了丰富而多样的资讯，也成为社交互动的新平台，逐渐地渗透到了生活的方方面面。青年FM工作室以社会主义核心价值观为引领，以传播正能量、弘扬新风尚为使命，以开展思想政治教育为目的，以网络自媒体为载体，以网络文化工作室为队伍，切实参与校园网络文化建设，将思政工作延伸到网络空间，是“新媒体＋思政工作”全新尝试。工作室的工作主题即把握好正确的意识形态方向，提升师生网络文明素养，引导积极校园网络舆论，充分发挥网络育人重要作用，落实好立德树人的根本任务。

“青年 FM”网络文化工作室探索“新媒体＋思政教育”的新模式，主要工作思路如下：第一，利用有声电台的创新形式，创作有趣有用、有声有色的网络文化作品，用优秀的作品鼓舞和激励青年学生，发挥网络文化的育人功能，利用新媒体技术让思政工作走进青年学生，用社会主义核心价值观引领广大青年学生。第二，利用新媒体平台传播的广泛性和便捷性，传播优秀青年的故事。通过探访青年师生的生活，宣传在学术、科研、文体、实践等领域杰出的人物事迹，设立专栏，用播音、录音的方式讲述他们的故事，生动形象地树立学习榜样的标杆。第三，发挥自媒体平台引导舆论、反映民意的作用，通过互动平台，了解学校青年的思想并完成信息的交互，从而及时反映青年的需求和观点，并建起积极健康的舆论导向。第四，联动线上线下，立体式地开展思政工作。以网络文化节为契机，邀请学生录音互动，参与网络文化建设。

二、实施方法和过程

（一）实力雄厚促发展

“青年 FM”成立于 2016 年，旨在传播“青年好声音”，率先在校园内开启“新媒体＋电台”创作模式。工作由学院党委副书记统筹领导，1 名专职辅导员具体指导工作，工作室成员 20 余名。通过严格选拔，目前设有播音组、文字组、美工组、排版组，各组各司其职，运作有序。播音组成员多数来自校主持队，经过严格和专业的训练。文字组多人在全国诗歌创作大赛中获奖，具有扎实的写作功底。美工组和排版组从学院宣传中心的学生骨干中选拔。学院为工作室设有专门的录音室和会议室，每年拨款 10 万元，用于网络文化建设。平台目前拥有粉丝 22000 余人。

（二）打造思政新视听

一是创新形式和内容，创作优秀网络文化作品。工作室的内容创作以微信公众号为载体，所选话题紧紧围绕和服务于思想政治教育工作，选定话题后，学生分工进行网文撰写、录音和音频配乐剪辑、摄影美工和排版。在形式上，一改思想政治教育刻板枯燥的说教模式，精良的网文加上专业播音和剪辑制作成一期期主题鲜明、内容丰富的推送。利用主播的粉丝效应，吸引广大青年学生从被动接受思政教育，到主动成为教育文化作品的制作者、传播者和聆听者。

二是打造线上互动平台，突破传统交流瓶颈。通过设定主题，邀请相关的优秀学生参与录音，打破了传统经验交流的时间和空间限制，充分利用网络的传播性和便利性，加上录音的创新形式能够激发参与者的热情，由此，通过树榜样、立标杆的形式鼓励同学见贤思齐。

（三）主动出击听青音

工作室注重双向互动，主动倾听青年心声。除了向学生传递声音，包括具有教育意义的网络文化作品和具有榜样力量的青年之声之外，工作室还注重通过发出话题，在后台搜集学生的意见和建议，主动出击收集青年学生的声音。这样的做法有利于及时掌握学生对相关事件或者话题的反馈，倾听学生心声，了解学生价值判断，做好舆情监控，从而有针对性地开展相关思政工作。

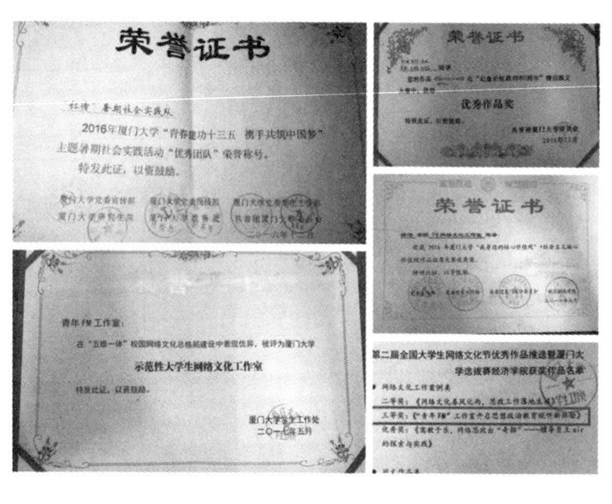

青年FM部分荣誉证书

（四）投身实践长本领

成立社会实践队。青年FM成立“红传”社会实践队，在暑期前往贵州、重庆重走黔渝长征路，到红军走过的历史遗迹去切身体会红色文化的魅力，加深对红色文化的了解，把握红色文化的深刻内涵，并将实践中所见所得运用到回校后的宣传工作中。面对红色文化在高校传播的挑战，把握新媒体背景下的机遇，把握好新媒体工具，将更多样、更精致、更吸引人的红色文化传递出来。通过这次重走长征路，成员们将所见所想加以创作，推出了《红小七的小脚印》《如何优雅地翻译我爱你》等在内的系列纪念长征胜利 80 周年作品，用音频、视频、文案、图片等丰富多样的形式，展现了重走长征路的历程。“红传实践队”被评为厦门大学优秀暑期社会实践队，带队辅导员林铁凡老师被评为暑期社会实践优秀带队老师。

承办网络文化节。工作室还承办厦门大学第二届、第三届网络文化节，参与前期策划宣传等筹备工作，并参与网络文化节集中路演，通过集思广益、不断创新，策划了一系列和“声音”相关的互动游戏，吸引了大量的粉丝前来围观参与。工作室还荣获厦门大学第二届网络文化节优秀组织奖，并在第三届网络文化节中获批成为厦门大学“示范性大学生网络文化工作室”。

三、主要成效及经验

（一）项目主要成效

1. 网络文化作品主题丰富，紧扣思政教育

工作室自成立以来不断创作网络文化作品，主题涵盖树典型立标杆的“人物采访”、利用重要节点的“线上主题教育”、社会实践路上的“实践感悟”、征集毕业生的校园记忆“毕业留声机”、推广校史院史的“亚南故事”、贴近同学生活的“晚安专栏”，还有弘扬闽南文化的“闽南之声”、引导来华留学生深入了解中国国情的“魅力中国”。主题内容丰富，形式多样，格调高雅，具有网络宣传思想教育的针对性和实效性，深受广大师生的喜爱。

2. 网络文化作品内容精良，教育效果显著

工作室用卡通形象制作的《红小七重走长征路》视频获得 21 万点击量。以世界环境日为主题的原创诗歌《六号情书》，由男女主播搭档朗诵，加以精致的排版而形成一篇完整的推送。该篇推送在“厦大经院学生会”微信公众号首推便有了很好的反响，阅读量达 8000 余人次，点赞数达 895 次，成为核心价值观系列作品中较为突出的一篇，获得了“推

青年 FM 暑期社会实践队卡通形象

文创作大赛”二等奖和“我身边的核心价值观”推文大赛优秀奖。作品《博学谦逊，勇攀学术高峰——专访嘉庚奖章获得者李江龙》，通过对厦门大学嘉庚奖章获得者李江龙采访，加之多方面的了解，展示博士生李江龙的学术风采，分享“男神”的故事和经验，该篇作品获得了“我身边的核心价值观”推文大赛二等奖。而厦时光系列其一《青年 FM 之大大吕超群丨LV 是个好同志!》阅读量突破 5000 次，反响热烈。作品《红小七的小脚印》微信推文，由工作室成员们设计了卡通形象，用实践途中拍摄的一组创意照片配以文字感想创作而成，荣获纪念长征胜利 80 周年微信推文大赛优秀作品奖。每一期推送都是同学们热议的话题，总能引爆学生朋友圈，迅速蹿红，达到良好的宣传教育效果。

3. 网络后台倾听青音，成功管控舆情

网络文化工作室利用微信交流的私密性，通过后台搜集青音，了解学院学生在宿舍管理、课程安排、实践活动、党班管理中的各种意见和建议，成了一个广泛又可控的舆情监控平台。学院通过分析和整理学生意见，有针对性地开展教育，或者解决同学需求，以此有效预防网络舆情爆发。

（二）项目建设经验

1. 利用媒介融合，做有声有色的思政教育

传统的校园广播电台是高校思想政治教育的媒介之一，学生可以在课间和放学期间收听节目，然而这种传播途径具有即时性和单一性，学生一般无法重复收听，并且无法同时看到字幕和图片。青年 FM 的创作方式克服了校园电台传播即时性和一次性的缺陷，学生可以灵活选择点

播的时间和话题，也可以就感兴趣的话题反复收听。

媒介技术的更新带来了所谓的“新媒体”，微信平台提供了语音、视频、图文传播的媒介融合。近来，从团中央微信公众号推出的“青听”栏目，以及各新媒体平台推出的“为你读诗”等有声栏目可以看出，媒介融合的网络作品已逐步开始应用。思政教育面对的群体是青年学生，是新媒体时代的主力军，思政教育工作者需要跟进网络平台的发展和变革，创新思政教育形式，牢牢抓住青年学生耳朵和眼球，才能抓住青年学生的心。从传播的效果来说，图片比文字更具吸引力，而声音则较图文更具亲切感、现场感和互动感。学生在休闲时间，常常戴着耳机收听音乐或者广播，青年FM网络文化工作室采用了二次传播层面——电台主播形式，丰富了传播的渠道和形式，增强了传播力和影响力。制作精良的语音推送，正好可以使思政教育走进学生的空闲时间，达到润物无声的教育效果。

校党委副书记莅临网络文化节青年FM展位

2. 遵循用户思维，把握青年学生的话语体系

青年学生作为新时代网络环境的土著，有其独特的话语体系，打破这种交流鸿沟，才能提升思政教育的实效性。传统的由辅导员单方面发布教育文件、灌输思想，容易产生话语鸿沟。青年FM，利用工作室的形式，由学生自己制作网络文化作品，辅导员在指导他们做规定动作的同时，允许学生做自选动作。此外，通过邀请优秀青年学生参与录音，鼓励青年学生自己发出声音。这种更加有参与性和互动性的形式，用学生“乐意听”“听得懂”的语言传播教育主题，可以使思政教育更加贴近青年学生的话语体系，提高思政教育的“魅力”和“亲和力”，使思政工

作走进学生、赢得学生，做到入脑入心、润物无声。

3. 发挥主观能动性，让学生主动加入思政教育

网络文化工作室是厦门大学网络文化建设的主要载体之一，有共同兴趣爱好的学生在辅导员的指导下成立工作室。鼓励学生参与学院、学校等各层级的网络文化作品大赛。在建设工作室的过程中，进一步培养学生的家国情怀、良好品格、兴趣爱好和创新创造能力。让优秀的学生主动参与到思政教育的工作上来，营造自我教育、自我管理、自我服务的良好氛围。

四、下一步加强和改进计划

（一）发挥传统优势，做强做大精品栏目

进一步丰富主题。在工作室未来发展中，需要进一步贴近学生学习和生活实际，除了教育和管理职能之外，提高产品的服务职能。进一步提高效率。工作室作品由网文、录音、配乐剪辑、美工排版组成，需要进一步提高成员的配合程度，提高工作效率，缩短推送周期。做好精品项目。在探索新的教育主题“听说”“学海听潮”的同时，要将传统的项目如“毕业留声机”“经院人物”等做大做强，进一步扩大项目的影响力，以期在全校范围内形成更加优势的引领和带头示范作用。

（二）紧跟智能化发展，进一步推动媒介融合

智能化是新媒体发展的大趋势，青年FM工作室的发展需要紧跟趋势，探索网文、美工、语音视频制作的智能化路径。通过录音、配音、剪辑等的智能化，在提高工作效率的同时，使网络文化产品更具有吸引力。在形式上，考虑结合视频技术、“哔哩哔哩”创意等，丰富视听体验。同时，进一步加强与校内易班、校本化平台等媒介的融合，整合平台资源，达到平台间同频共振的良好效果。

（三）完善工作室的人才培养和激励机制

由于录音、剪辑需要技术型人才，人才培养和成长需要周期，而青年学生群体的流动性强，要实现工作室可持续发展和各栏目优质发展，

需要建立科学的人才培养和激励机制。在工作室下一步发展中，应当注重院系合作，从新闻传播学院、人文学院选拔有专业特长的优秀学生加入工作室，并完善工作室人才培养方案，利用好人才培养和成长周期，形成教师指导、学生主导、搭台唱戏的良好局面。不断完善激励机制，鼓励工作室参与大学生创新创业项目申报，让学生在实践中积累经验。鼓励学生参与各级网络文化作品竞赛，以赛促学，不断提高网络文化作品的质量。对参与工作室建设中表现突出的同学，给予第二课堂学分奖励等措施，发挥学生的能动性，主动投身校园网络文化建设。

（四）完善舆情管控机制，进一步加强学校和媒介沟通

进一步完善舆情表达互动机制。在下一步发展中，要进一步宣传推广后台留言功能，让学生养成到青年FM后台“吐槽”、反馈意见和建议的习惯。利用微信后台便捷化、个性化和相对私密化的特点，打通听取青年声音的渠道，让青年学生愿意发声，有处发声。建立舆情研判和引导机制，建立舆情分析小组，在从青年FM平台采集到舆论事件后，及时做出反应，打通媒体和学校、学校部门和部门之间的沟通渠道，通过创作网络文化作品等手段，将舆论引导到积极向上的正能量的渠道上，从而预防舆论危机的爆发。

借力微信服务新平台　打造指尖育人新阵地

福建医科大学

近些年来，微信已成为广大青年沟通、交流、联络和聚集的新方式，也为高校服务广大青年学生、加强网络思想政治教育、促进校园文化传播提供了新的途径。习近平总书记在全国高校思想政治工作会议上强调，高校要更加注重以文化人、以文育人，要运用新媒体、新技术使工作活起来，推动思想政治工作传统优势同信息技术高度融合。福建医科大学团委在借力微信新平台、拓展服务学生新途径上做了有益尝试，取得了很好效果。官方微信公众平台正式运营2年多以来，用户量已达到2.3万人，占在校生总数85%以上，构建起团组织与广大青年学生之间扁平化、快捷化、精准化的互动平台，拓宽了思想政治教育和校园文化传播的渠道，有效地发挥了服务育人功能，增强了团组织对青年学生的吸引力、凝聚力和影响力，构建起指尖上的育人新平台。工作案例获得由全国大学生思想政治教育发展研究中心、光明日报社共同举办的2016年全国第九届高校校园文化建设优秀成果一等奖。《中国青年报》以“福建医大：应用微信全方位服务学生”为题进行了大篇幅报道。平台工作室入选福建共青团首批新媒体工作室培养成长计划。校团委负责同志应团中央机关党委之邀，就学校利用微信平台开展网络文化育人工作的体会在团中央机关年轻干部交流会上做工作交流。

一、项目主题与思路

福建医科大学团委密切关注并及时研判新媒体流行新趋势，广泛查阅分析有关资料数据，通过综合分析感到，学校青年学生群体使用微信比例大，且活跃度高，集群属性突出，更有“弃微博，转微信”之势。要更好地引领青年学生，必须紧跟新潮流，积极适应这一新变化，把微信作为拓展服务学生的新平台，以进一步贴近青年学生，服务青年学生，影响青年学生。

一是以市场化思维做微信服务平台的建设思路。围绕愉悦的操作体验（路径）、阅读体验（内容）、观感体验（界面）等三个方面提出打造用户立体化愉悦体验的产品质量标准。

二是以“服务、凝聚、引领”作为微信服务平台的价值定位。微信服务平台的内容甄选必须体现“服务需求，凝聚人心，引领成长”的价值定位。

三是以“吸收与引领并举，在服务中吸引，在吸收中引领”的微信服务平台建设推进策略。即前期的重点方向用在打造微信服务平台的吸引力上，在形成用户依赖和黏性中，实现微信服务平台的引领功能。

二、实施方法与过程

（一）优化内容抓服务，推进微信文化育人的新水平

1. 精心设置“微首页”和栏目。及时听取学生群体意见，以最优用户体验为目标，经过反复修改完善，形成具有自定义菜单、功能强大的订阅号主页面，形成独立的“轻型App”。同时，选用专业的第三方微信管理工具“微小信”，设计具有独特校园特色、简洁大方、青春时尚的“微首页”。微首页设置了六大功能模块：“微信报”“雷锋岗OL”“微生活”“妙趣盒”“福医V社区”“就业微讯”。其中“微信报”满足用户对校园资讯的内容需求；“就业微讯”权威发布经官方审核的招聘信息，第一时间更新，满足高年级学生的就业需求；“雷锋岗OL”和“福医V社区”满足用户发声反馈的互动需求；“微生活”和“妙趣盒”聚集各类学习、生活、娱乐的功能性神器，满足用户的便民服务需求。

2. 认真规划出品高质量的《微观福医》时尚微信报。在栏目设置上兼具“权威性、引领性、娱乐性、互动性、前瞻性”，通过“第医视线”“先睹为快”“全城扫描”等栏目展现校园新鲜事、社会新焦点、医学新进展；通过“乐享生活”“青年加油”“伊言 in 语”等栏目寓教于“微”，熏陶正确的价值取向，引导文明的行为规范，培养科学的生活方式；通过“为你悦读微电台”“微娱乐”“神推荐”“小编说”等栏目满足青年学生的娱乐心理，打造更佳用户黏性。“以微视距观微校园，以微方式感微生活，以微动态传微能量”，期望每期微信报都能给每个观众“私人定制”般的“微体验”。

3. 创造性开发集服务性、实用性、便民性的新“神器”。平台开发了“空教室查询”“个人课表查询”“图书信息查询”“图书一键续借”“等级考试查询”“一键获取成绩单”“失物招领”等近 10 项新功能，广受学生好评。其中“空教室查询”使用突破 40000 人次，“一键获取成绩单”功能使用突破 30000 人次，有效便捷地满足了学生对教务信息、图书借阅、生活查询的各类需求，提高了用户黏性。

4. 微信语言风格突出青春元素。在微信报编制上采用青年易于接受、活泼、亲近的语言风格。选取青年关注关心的内容，使青年学生认同和接受微信公众平台推送的校园资讯。同时，结合各大时点事件，以“小伊发布”为专题，制作了“红动福医—十八届三中全会解读”“小伊话党史”“母亲节之我让母爱上头条”“核心价值观——一站到底微信竞赛”等专题，推出《校徽带你游医大》《校园女生以柔软身姿劈腿展现对母校的热爱》《玩转医大学院朋友圈》《老师神助攻，期末不蓝瘦》等作品，将红色元素融入时尚的微信报上，起到了较好的引领作用。其中《特别定制——献礼福医 80 年校庆首支情怀 mv!》刷爆福医人朋友圈，阅读数突破 10 万＋。

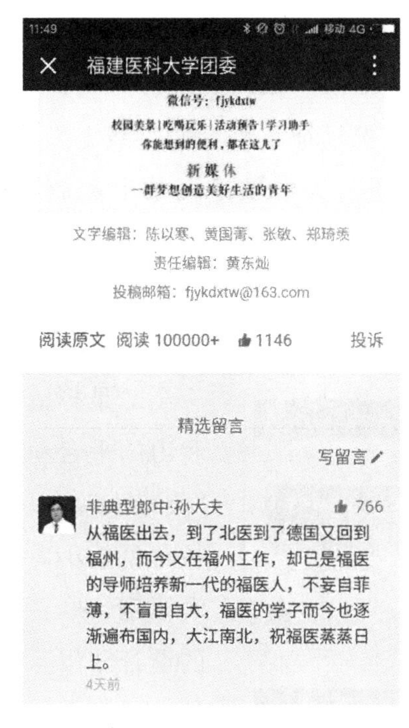

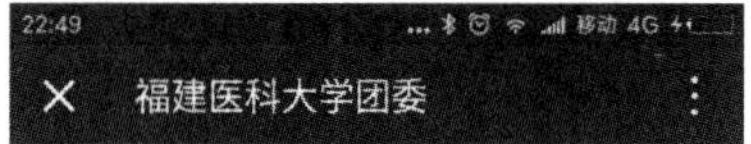

特别定制—献礼福医80年校庆首支情怀MV!

2017-04-20 福建医科大学团委

Hi，同学：

见字如面

是否还记得打开录取通知书的那一刻

从此便与福医结下一段情缘

是否还记得在这里度过的点点滴滴……

破 10 万+的爱校荣校视频作品推文：《特别定制—献礼福医 80 年校庆首支情怀 MV!》

（二）健全组织抓队伍，完善微信文化育人的组织体系

1. 加强精干队伍建设。学校微信服务平台运营由团委青年宣传中心新媒体部负责，根据平台运营和发展的实际需要，设置了微报编辑组，负责微信报等文字编辑工作；创意美工组，负责图片处理、界面设计、插画绘制；项目研发组，负责新功能、项目研发和规划活动；综合运营组，负责内容发布、后台管理、数据监督、意见反馈、对外合作、财务管理、V-LIFE 俱乐部各类线上线下活动。

2. 强化专业技能培训。学校邀请外校的网络技术达人、微信运营专家为微信团队做有关 Dreamweaver、Flash 等软件的专题培训讲座，以提高团队软实力。

（三）创新载体抓文化，构建线上线下互通的联系模式

一是成立“V-LIFE 俱乐部”，“两线”贯通。V-LIFE 即微生活，它

是贯通微信线上与线下的桥梁。学校从青年学生的实际需要出发，陆续举办了多期丰富多彩的线上线下活动，如四六级/公务员/考研讲座、《医大讲坛》学术访谈、节日创意派对、微祝福征集等，通过线上发布信息，通过线下吸引更多关注。此外，学校还与大学城地区数十家商户签约，为持有学校微信服务平台 V-LIFE 电子会员卡的同学提供超值优惠，切实为同学们的需求服务。线上线下联动并进，激发同学的参与热情，提高微信的影响力。

微信平台的首页展示

二是打造富有亲和力的平台动漫形象“代言人”。以医学院校常见的小白鼠为动漫原型，取“医”字的谐音“伊”字，设计了“福小伊”拟人化动漫形象，并绘制一系列符合当下青年人审美观的造型，从“外包装”上打动青年学生。同时，注重提高这一品牌形象的“出镜率”，探索设计制作“福小伊”聊天表情、输入法皮肤、书签贺卡等周边产品，逐步形成新媒体产品的文化产业链，创造独特的微信文化。

三、主要成效及经验

学校微信平台自开通以来，把握青年学生多样化的网络需求，针对他们最关心、最迫切的现实需求，创新服务形式，积极为青年的生活、学习、成长提供多种形式的服务，把教育引导和便民服务结合起来，受到同学的热烈欢迎。平台目前累计用户达2.3万多人，日均便民查询功能使用量达500余次，推送微信报200余期。平台这一贴近青年的便民服务新做法受到《中国青年报》、《福建日报》、《东南快报》、福建教育电视台、中青在线、东南网等多家主流媒体的深度报道。

一是拓展了微时代高校思想政治教育工作新阵地。微信作为新兴媒体，已发展成为青年学生获取信息、沟通、聚集的重要方式，面对“无人不微信”的现实，传统的思想教育方式和平台已经不再适应时代的发展。通过微信公众平台，加强内容建设，讲究传播艺术，推动思想政治工作同信息技术高度融合，提供丰富、有趣、时尚的资讯内容，以活泼的创新形式，将社会主义核心价值观的培育融入青年学生喜闻乐见的微信活动和功能当中，化被动接受为主动关注，对大学生微信用户产生潜移默化的正面引导，有效地增强了校园文化的吸引力、感染力，提高了文化育人的有效性，增强了思想政治工作的活力和实效。

二是提升了微时代服务青年学生成长成才的新水平。微信平台以师生在校园生活中教务、生活、娱乐的需求为出发点，探索服务学生的新路径，开发各类查询功能神器，极大提高了校园服务的有效性。以点对点形式定向推送，信息发布更有针对性、更精准有效，通过针对特定群体定向提供服务信息、回复咨询等，进一步提升了服务水平。

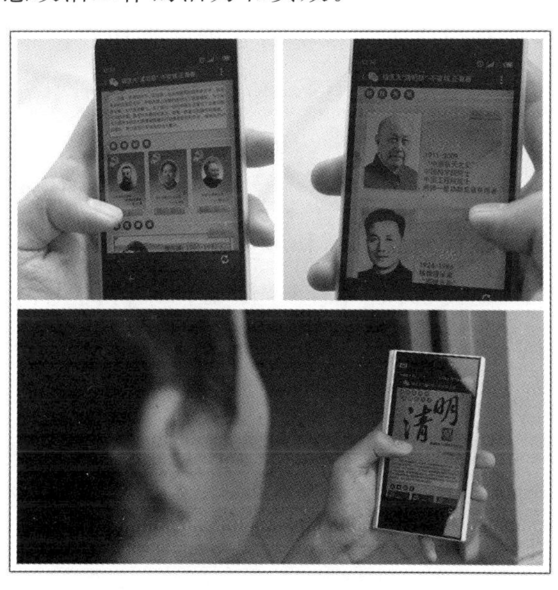

微信清明祭英烈文创H5互动参与作品

三是构建了微时代积极向上的校园文化新形态。微信多元化的应用方式被思维活跃、乐于表现、视野广阔的新时期大学生所接受。学校微信平台积极创新服务方式，充分挖掘传播校园优秀文化，积极提升校园官方微信的品牌效应，提高校园官方微信的影响力，通过微信承载宣传校园品牌文化活动，积极引导校园文化舆论。逐步形成以服务型官方微信为依托的校园文化新形态，积极引导青年学生形成健康的人生观、正确的价值观和积极的生活观。

四、下一步加强和改进的计划

一是要整合校园微信和微视微博平台，在基本栏目设置和信息内容呈现上逐步实现三微互通、三微同步投放，增强信息的有效覆盖面和影响力，构建校园宣传和引领新体系。同时，根据三个新媒体平台的功能特点和差异性，努力打造服务便民、专业助推、思想引领三大平台。

二是要重构用户关系。坚持“服务、开放、分享”的传播理念，改变工作思维方式，主动分析师生用户需求，强调用户体验，努力创造更多能产生共鸣、有影响力、接地气的网络文化产品。

三是要努力解决校园微信、微博、微视等多个新媒体平台协同互动不足、功能对接不够、文化创意产品开发不好等问题，构建校院新媒体平台互接互通机制和多元化的新媒体传播格局。

建设目标：围绕“队伍体系协同化、界面风格一体化、内容呈现同步化、功能服务全面化”的“四化”思路，打造“聚时尚、聚青春、聚服务”的微信、微博、微视“三微融合”全线聚合服务体系。同时从平台互接、功能互补、信息互动三个方面狠下功夫，力争形成高度互补、互联共通的校院两级新媒体工作新格局。继续秉承“贴近、服务、凝聚、引领”的理念，以团结奋进、专业敬业的姿态领跑校园学生网络文化，不断提高大学生网络思想政治教育的有效性，扩大网络思想政治教育的覆盖面和影响力。

班级建设新创举 “超级易班”显活力

三明学院

三明学院自 2014 年 6 月启动易班建设以来，不断尝试将易班建设与学生教育管理相结合。经过不断摸索、探访和借鉴，2015 年 3 月，首次尝试打破常规班级建设，将易班网络班集体建设与班级管理相结合，启动“超级易班级”项目。三年的超级易班级创建，共收到来自二级学院、校级学生组织、社团申报的项目 301 项，覆盖了自然班级 292 个，学生组织社团 9 个，其中重点创建班级 120 个，参与总人数高达 12405 人，线上投票数达 57290 票。

一、项目主题与思路

（一）项目主题

“超级易班级”。

（二）开展主体

三明学院全体易班班级（含所有行政班级、各类功能群组等，主要是各二级学院所属班级、各级学生组织、社团等一级群组下的组织）。

（三）项目思路

项目建设的初衷在于以加强易班网络班集体建设为契机，打破传统“班级”的认知，将班集体的概念延伸到学生组织、社团。线上班集体成员通过共同完成班集体创建过程中的线上线下任务，提升成员之间的交流与认识，走出“宿舍”文化，提升集体活力。同时在创建过程中，携手共同展现班级、组织、社团风采，营造良好的班风、学风、校风。项目的核心意义在于通过培养班级、组织、社团的集体建设能力，提升责任意识、集体意识，营造积极向上的校园环境。

重点建设班级作创建汇报

在为期八个月（3月—10月）“超级易班级”活动的开展中，创建班级从实践性、创造力、引领力、活动力、学习型、组织化六个方面进行班集体的线上线下建设，最终从班集体的任务共同完成情况、易班线上活跃度、班级成员的专业学习、获奖荣誉、线上线下投票人气、班级风采展示（中期会演）、班级建设成果汇报等环节，全方位考察班集体建设的成果，全员参与，项目的作用由面覆盖到点。在推进班集体建设的同时，积极构建集社交娱乐、生活服务、教育教学于一体的一站式多功能网络平台，充分展示学生班集体、各学生组织线上、线下的风采风貌，发掘学生群体中的典型人物与先进事迹，让优秀学生组织、优秀学生个人的引领示范作用在现实和新媒体中得到最大的发挥。

（四）奖项设置

评选出“超级易班级”10个，“易班级”10个。

（五）评选方式

“超级易班级”评选采用“6＋1”的模式。“6”即从实践性、创造力、引领力、活动力、学习型、组织化六个方面对班级建设成果进行考核。

实践性，即创建班级能把教学实践、社会实践等事件活动，积极融入“超级易班级”创建过程中。班级学生骨干积极组织班级成员参加与科技创新训练与竞赛、校园文化建设相关的第二课堂学习等活动。创建班级以“明德、明理、明志”校训为指导，积极践行社会主义核心价值观，充分应用易班网的班群功能，在线上发起学习、讨论，并保证有较高的参与度。

创造力，即班集体的创新、创造能力。主要突出展现班集体的创新精神和创新意识，将创新精神充分应用在校园各级赛事、班级集体活动、创新创业活动等校园文化活动中。班集体学生骨干能依据成员的个性与共性，融合专业特点与学科特色，依托易班网开展形式新颖、内容丰富、特色鲜明的活动。

引领力，即为班集体的典型示范作用。主要体现为班集体的班风、学风建设中，能以优良的班风、学风，内容丰富、形式多样、积极向上的集体活动，发挥引领示范作用，并在这个过程中，产生一批表现优异的学生，参加学校各类先进的评选。同时将这一影响力体现在“易班”网络平台的建设上，使班集体成为学院先进乃至校级先进组织。

活动力，即为班集体组织、策划活动的能力。主要体现在班集体建设中，班级学生干部能够积极引导学生注册易班，组织班级同学参加线上线下各类富有正能量的活动，并保持较高的参与度。例如组织成员在易班网班群中发布话题，上传资料到群资料库，上传照片到群相册等。

学习型，即为班集体学风建设的成果体现。主要体现在采取切实有效的措施进行学风建设。班集体学风优良，各种等级考试的过级率高，各种专业竞赛中取得较为不错的成果，奖学金获奖比例高。

组织化，即为班集体建设中完善班级学生骨干队伍建设，并在学生骨干的组织下完善班级规章制度。在班级创建过程中，学生骨干能组织班级成员，认真完成易班学生工作站发布的每月任务，积极参加校院两级开展的易班主题活动，并及时做好总结收尾，按时提交活动参与材料。

“1”即所有参赛班级须通过网络思想政治教育平台——易班来创建和展示成果。活动的开展采取易班线上班集体建设与线下活动开展、荣誉评选相结合的方式，通过易班这一网络平台保留班级活动开展的原始素材等，分享班级建设经验，展示班级风采活力。

二、实施方法与过程

项目实施共分为四个阶段：项目申报、项目创建、中期会演、项目结项。

（一）项目申报

在项目申报阶段，各学院推荐的100多个网络班集体提交创建方案以及创建申请，学工部、团委、校易班学生工作站对提交的方案进行创建评估，并结合首月创建的线上任务完成、班级活跃度增长等情况，遴选出40个重点创建班级予以重点立项，经费扶持其重点建设。未入围重点建设的班集体则通过普通创建的形式，参与到后续的创建中，共同争夺“超级易班级”“易班级”的荣誉。

（二）班级创建

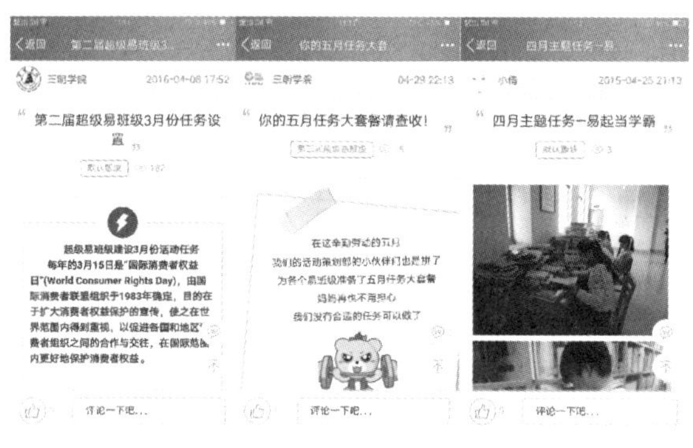

线上任务设置与线下任务完成

创建阶段，各创建班级根据校易班学生工作站发布的当月任务，通过线下开展活动，易班网线上记录、反馈完成月份创建任务。校易班学生工作站在易班网的三明学院微社区开辟活动专栏，月初在专栏中发布该月份的创建任务。月份任务设置上包含多个与节日、时事、校园生活、践行价值观等相关的主题。创建班级组织不少于60%的成员，通过开展线下集体活动，线上记录集体生活的方式，完成月份任务。通过集体活动的开展，加强了班级成员之间的交流沟通，将辅导员老师与班级成员通过易班网络班级联结起来，将成员凝聚其中。

（三）中期会演

在创建过程中，各创建班级根据班级实际以及专业特色，组织班级不少于60%的成员，筹划内容积极向上有意义、形式新颖有特色、成员参与面广泛的文艺活动。通过中期会演，展现各创建班级践行社会主义核心价值观的成果和班级的精神风貌。

（四）项目结项

项目结项阶段是对前期各创建班级的创建结果进行检验。结项阶段，严格按照“6+1”的标准，对创建班级创建成果进行投票、创建班级负责人现场成果展示、班级创建材料打分、EGPA值考核，全方位地对各创建班级的前期创建成果进行检验，最终评选出10个“超级易班级”、10个“易班级”和若干单项奖。

三、主要成效及经验

“超级易班级”项目作为学校易班建设的品牌项目之一，其建设成果得到师生的广泛认可。在第二届“超级易班级”的线上投票环节中，“超级易班级”投票的快搭轻应用WEB和移动端页面创下7日浏览14148人次的记录，访客8311人次，签名墙2569人次，累计线上投票13600票，线下投票6300票。

线上投票及相关数据

（一）班级活力得到提升

“超级易班级”项目与其他先进评选有所不同的是，项目的推进周期长，覆盖面大，几乎贯穿于班级成员整学期的学习生活。其对班集体的考核涵盖了班级日常建设、成员学业情况、集体荣誉、风采展示等，创建考核内容较为全面。一系列考核指标的设置目的，在于引导创建班级在创建阶段有意识地开展各类校园文化活动，督促班级成员提升学业成绩，改变班级精神风貌。通过三年以来“超级易班级”项目的推广，创建班级的班风学风得到明显提升，班级文化由“宿舍”向“集体”转变，班级活力得到提升。

（二）集体观念得到加强

“超级易班级”这个项目的解读在于：其一，班集体是优秀的、特别的、独一无二的；其二，“易”既是易班的意思，也是一起去创建的意思。项目的内涵在于班级成员一起去创建一个优秀的、独一无二的易班级。它的核心在于大部分的班级成员需要共同去完成班级的创建。在共同完成创建的过程中，班级同学通过协作，逐步将班级的“团体”概念向集体概念转变。特别是在月份任务完成、班级集体荣誉、班级风采展示等环节均需要大部分成员一起策划、共同完成，同学的集体观念得到加强。

（三）易班建设得到推广

通过项目的推动，越来越多的师生在创建中了解易班，学习使用易班。2015 年以前，校园内师生对于易班是什么几乎没有概念。通过两年的班集体创建，越来越多的师生慢慢了解了易班，走近易班，也爱上易班。同时线上线下班集体建设有机结合的方式，月份任务设置的俏皮可爱，让越来越多的学生喜欢参加到班级集体活动中，走出宿舍走进班级，班级凝聚力得到显著提升，易班班级由原来的“荒无人烟”渐渐“欣欣向荣”，有力地推动了三明学院易班校本化的建设进程。

（四）易班建设成果显著

2016 年底，据统计学校易班主机构号浏览量累计 380383 人次，共发布话题 78350 篇，话题评论数累计 85243 条，位于全省同类院校前列。2016 年度，学校易班年度活跃度在全国排名第 25，省内共建高校中排名第 4。2017 年 3 月，学校易班建设活跃度位列全国第二，共建指数位列全国第五。4 月，学校易班建设活跃度位列全国第五，共建指数位列全国第七。在教育部举办的第二届全国高校“校园好声音”大赛中，学校获得“优秀组织奖”，校团委叶志鹏老师荣获“优秀指导老师”。以易班网建设为依托，以工作站资讯团队、文化创意团队等为核心的易班“三明”大学生网络文化工作室，入围福建省十个首批重点培育的大学生网络文化工作室，并获得10万元经费支持。在福建省2016年校园文化建设优秀成果评选中，学校易班建设成果《“易班”凝聚正能量，文化滋养三“明”人》荣获二等奖。

四、下一步加强和改进的计划

在下一阶段的工作中，学校将持续以“超级易班级”建设作为易班建设、班级建设的重点工作，积极总结项目经验，不断提升项目内涵，改进项目实现路径，保持项目的先进性和活跃度。不断思考如何在立足本校易班建设的基础上，将项目的影响力扩大到省内其他高校。初步规划如下：

“超级易班级”项目作为一个在学校易班建设中较有影响力的项目，其建设周期长，推进过程中需要投入较多的经费、人力、物力，在全省范围内统一开展较为困难。但项目本身的可复制性高，高校可推广性强，形式变化灵活，可以作为示范性项目供省内易班共建高校参考。在下一阶段，如若有其他高校借鉴引进，学校将在项目推进中提供帮助，并根据现有经验，将项目进行总结、梳理、打包，实现项目的模块化、可定制化、示范化。

数字化视域下红色文化主题网络平台建设与应用

漳州职业技术学院

“互联网+”时代，我们的生活已经全面发生了网络化、移动化、数据化、个性化的大变革。高校思想政治理论课作为大学生德育教育、爱国主义教育的主渠道和主阵地，起着引导大学生树立正确的世界观、人生观、价值观、道德观和法制观的重要作用，也面临着“互联网+”带来的冲击。习近平总书记高度重视思政工作，他指出“高校思想政治工作关系高校培养什么样的人、如何培养人以及为谁培养人这个根本问题”，特别强调“要用好课堂教学这个主渠道”，“要坚持在改进中加强，提升思想政治教育亲和力和针对性，满足学生成长发展需求和期待”。因此，打破传统思政课堂，将新媒体技术应用于教学实践，把讲台让给学生，把学生带出课堂，开发建设数字化视域下红色文化主题网络平台，打造升级版思政课堂势在必行。

一、项目主题与思路

（一）项目主题

红色文化，是中国特色社会主义文化的重要组成部分，是伴随中国无产阶级革命产生、发展并繁荣起来的先进文化，包含着一系列与之相关的历史文化遗产与精神文化内涵。习近平总书记高度重视弘扬革命文化、红色文化，多次强调要发扬党的优良传统、弘扬红色文化，提出“要把红色资源利用好、把红色传统发扬好、把红色基因传承好”等一系列重要论述。因此，红色文化带有强烈的思想政治教育色彩，是建设社会主义精神文明的重要阵地。

线上数字平台网络思政教学运用

开发建设数字化视域下红色文化主题网络平台，打造升级版思政课堂，需要直面现实、正视本地区的红色文化现状。目前，福建特别是漳州，红色文化与思想政治理论课堂的联系并不紧密，更不要说共建红色文化主题网络平台。

（二）思路

首先，从共建红色文化资源入手，将红色文化与思政教育结合起来。发掘研究红色文化的教育传播价值，阐述红色文化在大学生思想政治教育中的重要作用。分析总结当前高校推动红色文化思政课堂的经验做法，针对存在的问题和困难及原因进行分析，为在高校推进红色文化思政课堂提出切实可行的实施路径。组织学生到红色革命遗址学习参观，开展红色文化现场教学活动。组织学生围绕红色文化开展学习讨论活动，举办红色文化主题讨论会。组织红色文化作品创作，发动学生围绕红色文化进行创作生产，推出红色文艺作品。

其次，通过数字化技术与手段，开发和建设红色文化主题网络平台。在平台上做到：一要结合思政课堂的实际授课情况，开展红色文化传统和精神的宣传与传承。二要结合师生的红色文化基地实践活动、红色主题研讨活动、红色文化作品展播活动等丰富多彩的内容展示，带动学生广泛参与到红色文化共建活动中。三要通过微信、微博、微视频等微活动与红色主题网络平台建设互融互通，激发学生的参与兴趣，引领学生通过研究和利用智能移动终端，提高教学实效。

最后，组成共建团队，与各具特色的红色文化基地进行合作，推动数字化展示设计在红色文化基地中的应用。以设计实践中的问题、游客观展体验为导向，进行针对性分析，将研究成果在共建的红色文化研究基地的建设和设计上进行实践验证，包括展示内容创意设计与体验式数字化展示设计等。最终将数字化体验方法做成提质改造项目方案，为红色文化基地的数字化提质改造提供理论与实践支持。

二、实施方法与过程

（一）实施方法

红色文化基地华安先锋村调研

首先，通过文献研究法，走进漳州县市的图书馆、档案馆、党史研究室，查阅与红色革命有关的文献。其次，通过调查研究的方法，对漳州地区的文化进行研究，对漳州地区红色文化基地进行实地调研，采集大量图片、音频、视频素材。再次，通过座谈、访问的方法，对中国革命军民的后人进行访谈，了解那些不曾记录的感人事迹。最后，通过数据分析的方法，把大量的数据按照或时间、人物、事件等进行合并梳理，将所有素材进行整合，完成红色文化主题案例集。

（二）过程

在建设的过程中，依据已做未做、难易程度、现有的师资力量，对特色文化建设进行分工。

2017 年 9 月—11 月，分组完成文献整理与红色文化基地初步调研活动。

2017 年 11 月—12 月，组织成员对内容进行梳理，集中讨论，分析资料，探寻其中的内在核心价值体系。

2017 年 12 月—2018 年 1 月，根据内在核心价值，对红色文化基地进行再次探访，组织学生完成基地调研活动。

2018 年 1 月—3 月，分配任务，分项目完成各类实践活动设计、组织、展开，留存资料。

2018 年 4 月—6 月，整合红色文化主题活动档案，分批次完成红色文化主题网络建设，推送到微信公众号、微博等网络平台中。形成数字化体验改造项目方案初稿，联系红色文化基地与相关责任部门，征求意见，认真修改，力求应用于实际。

2018 年 7 月—8 月，形成报告，推广应用。

三、主要成效及经验

（一）主要成效

1. 学校保障

学校是福建省高职院校思想政治理论课建设联盟副理事长单位和漳州市高校思想政治理论课教学协作中心会员。现正请求将思政部升级为马克思主义学院，突出强化学校在省、市思想政治教育的重要作用，更好地落实思想政治理论课在学校立德树人工作中的战略地位，把思想政治理论课建设成为在省、市具有一定影响力和示范力的学科。

漳州市委宣传部出台了《漳州红色文化保护、传承和弘扬工程实施方案》（〔2016〕64 号）和《〈漳州红色文化保护、传承和弘扬工程实施文案〉工作任务分解的通知》（〔2016〕66 号）。《方案》和《通知》提出，漳州将通过 3—5 年的努力，使漳州红色文化资源得到充分保护和挖掘，红色文化内涵不断丰富拓展，红色基因有效传承，优良革命传统广为弘扬，红色文化保护的政策法规更加完善，建设一批国家级、省级、市级红色文化基地，创作一批优秀红色文化精品，办好一批红色文化主题活动，推出一批新型红色旅游产品，打造一批有影响力的红色文化传播平台，漳州红色文化知名度和影响力进一步提升。在此项工作要求下，“漳州红色文化研究中心”这一市级层面的文科研究机构以我校为主体，现挂靠在思政部。

学校按照国家规定，专科院校思政课专项经费是每生15元，学校经费能够保障思想政治理论课教学科研的正常运行。目前在学校党委的高度重视下，已经有专项经费的预算，保证思想政治理论课教师进行学术交流、考察、科研等费用。

2. 攻关团队

项目负责人：黄修文。第一，致力于探索现代化教学手段与思政课教学的有效结合，力求实现思想政治理论课教学的实效性。第二，致力于探索文化建设与文化内涵的发展，力求将文化建设与社会发展相结合。

近年来，先后获得省级课题“慕课理念下思想政治理论课的建构主义教学研究”；市级课题“描绘‘点、线、面’发展蓝图，推动漳州文化强市建设”；校级课题“应用技术型院校思政教育践行‘慕课’理念的可行性研究”“基于建构主义理论的思想政治教育模式创新研究”“增强高校形势政策课实效性的研究”。

先后发表论文《慕课理念下高校形势与政策课教学改革研究》《高职院校形势与政策课“T+P+I”三位一体教学模式的探索》《当代大学生社会主义核心价值观培育路径研究》《描绘“点、线、面”发展蓝图，推动文化强市建设——以福建省漳州市为例》。

先后参加各类竞赛，2017年获“网龙杯”福建省职业院校信息化教学大赛课堂教学三等奖；2014年福建省党的十八大精神进高校思想政治理论课“四个一百”优秀教案评选获三等奖、精彩一课优秀奖；2013年获漳州市思政教师教学比赛二等奖。

不仅在教学过程中成为学校思政教师队伍中网络教学第一人，而且在学生社团活动中，带领漳职院青马社成员开展各类活动，录制青马微课，作为百优微课前30强正进入十佳青马微课的激烈角逐中，现网络上正进入集中投票阶段。

团队成员及主要任务如下：

张锐鸿，副教授，主要任务：调研、课堂实践；徐旭珊，副教授，主要任务：实践、汇总成果；尤艺金，讲师，主要任务：实践、汇总成果；侯利民，讲师，主要任务：整理案例集、档案；黄淑贞，副教授，主要任务：汇总成果；颜杨文，副教授，主要任务：调研、课堂实践；唐秋根，副教授，主要任务：组织学生动漫设计；陈辉，副教授，主要任务：完成多媒体运用；沈毅波，讲师，主要任务：网络维护、后台开发；林志维，讲师，主要任务：网络维护、后台开发。

本团队团结一致，集中精力攻克难关，力推拓展思政课程教学向数字化、网络化进军。这是一支科研能力强的优秀教学团队，先后获得“弘扬红色文化传承红色基因——推动红色文化进思政课堂的实践与探索”的省级择优资助计划，《基于任务导向的〈思想道德修养与法律基础〉项目课程模式的教学设计研究报告》的省级教学成果二等奖，建成“思想道德修养与法律基础”的省级精品课程，编写可读性强的《形势与政策》教材。此外，学校还有一批醉心马克思主义理论、勇于实践和探索的漳职院青马学社成员作为后备力量。

3. 实践基础

其一是与校外实践教学基地联合起来开展对学生进行的红色文化教育活动，如红军进漳纪念馆、谷文昌纪念馆、漳州110等。

其二是针对重要节庆日、重大事件，在《漳州职院报》、新闻网、宣传栏、微信平台等，及时宣传“社会主义核心价值观”“中国梦”“长征胜利80周年”等以中国特色社会主义宣传教育为主题的宣传教育，及时准确地宣传报道了学校改革发展的最新动态和最新成果，树立学校形象。

其三是坚持活动引路，抓住建党95周年、长征胜利80周年、五四青年节等重大节日和周年纪念日，开展社会主义核心价值观教育实践。通过“学党史”和“三爱”主题教育宣讲等活动，进一步激发学生始终保持积极进取的精气神。

其四是培育和弘扬社会主义核心价值观，学习马克思主义理论，为学生一生成长奠定科学的思想基础，引导广大学生成为社会主义核心价值观的坚定信仰者、积极传播者、模范践行者。成立了基于共同的志趣和爱好，按照一定规程，自愿结成的，具有固定成员和特定活动内容的，有组织、有纪律、非营利性、学术性的社团组织——漳州职业技术学院青年学生马克思主义学习社团。现已经招募成员 80 人，开展了自主学习、专题学习等。

（二）经验

第一，以漳州红色文化研究中心为基础，通过前期对文献资料的筛选和初步调研，现已经初步确定学校将对接东山县谷文昌纪念馆、福建省苏维埃政府旧址、华安县仙都镇先锋村、平和暴动纪念馆、诏安县霞葛、官陂乡村、中国女排腾飞纪念馆、“龙江颂歌”主题公园等红色文化基地。通过座谈、调研等确定文化宣传途径与方法，组织学生进行实践，完成红色文化素材的初步搜集和整理。

漳职院青马学社青年立志讲座

第二，以漳职院青马学社为依托，广泛组织学生开展自主学习、小组集中学习、专题讲座、实践活动等各项活动。以青马学社学员为点，向各二级学院学生的辐射，以榜样力量带动更多学生的学习和传承红色文化精神。

第三，以学校网络教学平台为舞台，结合思政课堂的实际授课情况，开展红色文化传统和精神的宣传与传承，已经初步探索社会主义核心价值观的宣传和教学渠道。

四、下一步加强和改进的计划

第一，开展实践调研活动。既读万卷书，又行万里路。走出校门，走入城乡，走进群众，更进一步了解红色文化研究基地。

第二，与学校技术中心部门进一步沟通，开展红色文化主题网络平台的后台建设，先行进行调试。

第三，与校学生处、团委联合起来，为迎接和庆祝十九大，在校园内组织开展红色文化各类活动。带一批优秀学生到红色文化基地参观、访问、调研。

第四，组织团队对重点建设的红色文化研究基地开展调研与研究。针对“互联网+”时代大学生网络化学习、形象化阅读、碎片化浏览的特点，重新调整红色文化档案，陆续推送到网络平台中。

第五，制作与各具特色的红色文化基地相结合，以设计实践中的问题、游客观展体验为导向的提质改造项目方案，包括展示内容创意设计与体验式数字化展示设计等。

生涯辅导梦想工作室

福州大学

我国高等教育发展至今，呈现出了一些“新常态”，如在校生“迷茫”者众多、“慢就业”群体不断扩大、就业去向日益多元化等。因此，科学合理的职业生涯规划显得尤为重要。大学怎么过，毕业何去何从，已成为大学生亟待解决的棘手问题。梦想工作室成立于2014年，立足学院，面向全校，按照“紧抓一条主线，紧扣两个群体，推进三个建设，攻坚四个项目”的思路开展工作，以多元化培训为依托，以专题化教学为主要渠道，以科学化管理为保障，以个性化指导为手段，以品牌活动为载体，为在校大学生提供职业规划、就业、创业等方面的辅导，帮助大学生合理规划大学生活，增强职业素养，提升综合素质，助力大学生梦想成真。

一、项目主题与思路

（一）项目主题

学院成立梦想工作室，旨在助迷茫者迷途知返，助追梦者梦想成真，以多元化培训为依托，以专题化教学为主要渠道，以科学化管理为保障，以个性化指导为手段，以品牌活动为载体，为在校生提供生涯规划、就业指导、创业指导等方面的服务，助力大学生增强职业素养，提升综合素质，助力大学生梦想成真。

（二）总体思路

立足学院，面向全校，按照“紧抓一条主线，紧扣两个群体，推进三个建设，攻坚四个项目”的思路开展工作，具体如下：

1. 紧抓一条主线。紧抓通过开展生涯辅导系列活动服务学生成长成才的主线。

2. 紧扣两个群体。

（1）紧扣目标缺失的学生，帮助他们树立积极正向的奋斗目标，并引导他们为实现目标而努力。

（2）紧扣有梦想有追求的学生，帮助他们合理规划大学生活，助他们梦想成真一臂之力。

3. 推进三个建设。

（1）加强教师队伍建设。坚持“走出去”与“引进来”相结合，划拨专项资金，加大学习交流的资金投入，加强理论与实操学习；邀请有关专家学者前来“传经送宝”，确保每一位团队成员能较好掌握生涯辅导的相关理论与实操技能。

（2）加强硬件设施建设。根据工作开展需要，科学合理建设咨询室、洽谈室与活动室。

（3）加强制度建设。完善工作室各项制度，确保工作室能发挥助人成长的功能。

4. 攻坚四个项目。

（1）“心心相系”个体咨询/辅导项目。学院启动立足学院面向全校学生的“心心相系”个体生涯咨询/辅导项目，力争帮助迷茫者迷途知返，帮助追梦者梦想成真。

（2）“我是我的船长”生涯发展沙龙。学院已经启动生涯发展沙龙，由团队老师组织开展，帮助更多同学在追梦的道路上不迷失方向。

（3）“勇往职前”职业素养训练营。结合学院实际情况，整合校内外资源，开办大学生职业素养训练营，全面提高学生职业素养，提升学生就业力和职场适应能力。

（4）加大相关理论研究。从实际工作中发现问题，解决问题，力求理论研究有所突破，并更好地指导实践。

二、实施方法与过程

（一）探索新思路，加大人财物投入，夯实工作基础

学院党政领导高度重视工作室建设，人力、物力、财力的投入创历史新高。

工作室自成立以来，师资队伍日趋壮大，从学院导师延伸至院外、校外多领域职场专家。现有院内团队核心成员 6 名，平均工作年限近 10 年，且多为一线辅导员，分别持有生涯规划师、职业指导师、心理咨询师、创业指导师等证书，在大学生职业生涯规划指导方面具有丰富的理论素养和教学实践经验。2014 年至今，学院投入专项资金，先后选派 8 人次参加职业规划、就业指导等相关培训学习活动。团队核心成员承担着生涯规划、就业指导等课程的讲授任务，同时还承担日常“心心相系”个体咨询/辅导任务。

大学生职业生涯教练计划

工作室还聘请了一批院外校内职业发展团队骨干教师、校外生涯规划名师、名企 HR、职业经理人等作为工作室“外援”，以满足大学生多样化的生涯辅导需求。实施福州大学首期大学生生涯教练计划，聘请 8 位名企 HR 分别带领 8 位学员开展历时 6 个月的生涯探索，让学员走出学校走入社会认识“生涯”。工作室聘请职慧公益讲师进校开展 3 期 15 个模块的“职业素养提升”训练活动，受益学生超过1000人次。

工作室在院内还组建了一支朋辈支持队伍，由高年级学生组成，意在以过来人的经验及以同龄人的认知，开展朋辈教育引导工作。朋辈支

持队伍在老师的指导下，开展“我是我的船长”生涯发展沙龙系列活动，现已累计举办近20期。

中国银行HR赖斯卫进校园

学院在学生生活区和教学办公区为工作室开辟建设了职业咨询室、就业洽谈室、朋辈教育活动室各一间，总面积近100平方米，为更好地开展生涯辅导系列活动提供了硬件保障。

（二）应用新载体，抢占互联网阵地，拓宽工作平台

互联网新技术的普及改变了人们的生活方式，微博、微信、QQ等社交媒介已成为大学生的日常活动阵地。工作室顺势而为，以线上线下无缝对接的方式，抢占网络教育阵地，应用微博、微信、QQ等新载体，突破时间空间的限制，扩大生涯辅导的辐射面。自2014年以来，工作室累计在微博推送1756篇文章，拥有粉丝722人；微信推文阅读量与QQ空间访问量均已破万。

（三）尝试新形式，聚焦全过程，把握重要节点

工作室成立以来，生涯辅导力求全过程、全方位、全员覆盖。立足课堂教学阵地，从大一的职业认知和规划，大二的基本能力和职业素养，大三的定向职业指导，到大四的就业准备与就业指导，生涯辅导贯穿大学四年，全过程、全方位引导学生树立规划意识，掌握规划技能，提升职业素养，增强求职能力。

立足校园，坚持职业发展教育与名家论坛相结合，坚持职业生涯规划指导与个性化辅导相结合，坚持职业生涯规划服务与朋辈辅导相结合，立足创新，遵循大学生发展规律，将“大学生职业生涯规划与全程化就业指导”有机融合，充分发挥“三结合”的育人功能。

三、主要成效及经验

梦想工作室成立至今，个体生涯辅导、生涯发展沙龙、职业素养训练营已常态化进行，受众面广，成效佳，广受学生欢迎。

（一）“心心相系”个体生涯辅导

在工作日的上午或者下午，以工作室核心成员为主、“外援”为辅，在学生生活区的生涯辅导室进行个体生涯辅导，前来辅导的学生可提前预约，也可现场排队接受辅导。个体生涯辅导范围包括大学规划、职业规划、就业指导、创业指导、就业心理辅导等方面。截至当前，前来生涯辅导室接受生涯辅导的学生已经突破600人次。

每逢毕业求职季，工作室还组织开展大型“求职简历门诊”活动，由工作室核心成员和名企HR担任“门诊医生”，为求职大军的“求职简历”开处方。工作室还整合相关教育培训机构的讲师进校开展“出国留学、考研、考公”专场咨询活动，为相关群体的学生把脉。

（二）“我是我的船长”生涯发展沙龙

自工作室成立以来，生涯发展沙龙已举办近20场，每一期的主题都是根据当下同学们的“痛点”来确定。沙龙主讲人可以是本科高年级学霸、学生干部，也可以是研究生学术达人，还可以是职场人。主题涉及大学整体规划、求职经验、学习经验、学生工作经验、考研经验等，主题类型覆盖大学生活的方方面面，甚至职场中的点点滴滴。方式有通过现身说法的交流分享，也有模拟面试的针对性指导，让同学们能够得到自己所需要的知识和技能。沙龙地点可以是朋辈教育活动室，也可以是学院咖啡厅，甚至是冬日里阳光充足的校内某草地。宽松的环境，轻松的心态，让参加沙龙的同学能畅所欲言，交流思想，碰撞火花。

（三）“勇往职前”职业素养训练营

工作室成立以来，已举办多期职业素养训练营。工作室通过前期的广泛调查，获取不同层次同学的共性困惑，与校内外有关机构设计职业素养训练方案，聘请相关专业人士进校开展职业素养训练营。先后开展了职场礼仪、克服拖延、主动领导、持续创新、解决问题等主题训练营，通过训练营的培训指导，同学们认识到了职场规则，提升了职业素养，增强了求职能力，为步入职场做了较为充分的准备。

福州大学第十届职场文化节之职慧
——职业素养提升训练营

四、下一步加强和改进的计划

（一）创新工作思路，与时俱进，服务学生生涯规划

时代在变迁，社会在进步，应审时度势地开展生涯辅导活动，引导大学生在人生道路上不走弯路、少走弯路。工作室要与时俱进，贴近大学生实际，不断创新工作思路，积极探索新载体、新形式、新方法，以大学生喜闻乐见的方式开展生涯辅导活动。

（二）加强品牌建设，形成特色，提升工作室影响力

梦想工作室要不断加强品牌建设，通过开展特色活动，借助网络平台和学生口口相传的口碑效应，将“梦想工作室”根植在广大学生心中。

（三）加强理论研究，强化自身素养，增强工作能力

我国在生涯辅导领域的理论研究起步较晚，为了更好地开展生涯辅导活动，工作室核心团队成员要加强理论研究，加强问题研究，强化自身的理论素养，增强生涯辅导能力，更好地帮助大学生开展生涯规划等活动。

“青果助力站”：探索推进有效提升辅导员思政教育影响力的阵地建设

福建农林大学

高校辅导员是大学生成长成才的人生导师和健康成长的知心朋友，其在学生群体中的影响力如何，直接关系到思想政治工作能否入脑、入心、见行。现实中我们不得不承认这些问题的存在，即辅导员承担大量的事务性工作，思想政治教育的主责主业反而抓得不紧；由于需要兼顾家庭，辅导员对开展教育管理工作的投入还不够；在网络新媒体日益普及的时代下，原本“面对面”的沟通交流被“指尖上滑动”的网络符号所替代，使得辅导员在学生群体中的现实影响力趋于弱化，学生对辅导员无感，而辅导员对学生“脸盲”。辅导员群体控制力不足、教育感召力不强，不仅制约了思想政治教育质量的提升，也带来了许多潜在性问题。近两年福建农林大学以“大学生成长助力站”试点建设为载体，引导各学院推进提升辅导员思政教育影响力的阵地建设。植物保护学院实施“青果助力站”项目建设计划，取得了良好的阶段性成效。

位于学生宿舍区的“青果助力站”

一、项目主题与思路

“学生走到哪里，思想教育就要做到哪里。”针对辅导员在思想政治教育工作中对学生群体影响力弱化这一问题，福建农林大学植物保护学院坚持围绕学生、关照学生、服务学生，积极探索在学生公寓区建设辅导员思政教育工作室——青果助力站。借助站点贴近学生区的“地缘优势”，以亲和化为基础、服务化为导向、品牌化为提升、制度化为保障，充分发掘阵地建设的“四化”内涵，从时空上拉近辅导员与学生的距离，从形式上加强辅导员与学生的互动，从情感上强化辅导员与学生的融合，提升辅导员对学生群体的教育影响力。同时发挥阵地育人作用，切实加强学生教育、管理和服务，以服务带动管理工作提质增效，推动思想政治教育不断向纵深拓展，努力实现“六进六促”的工作目标，引导和助力大学生筑梦未来。

二、实施方法与过程

（一）亲和化：实现阵地育人的关系重组

青果形象活跃在迎新工作现场

“青果助力站”从构想到初创历时约 1 年，场地建设得到了学校相关部门的大力支持，目前使用面积约 180 平方米，总投入近 20 万元。站点分为青果自助服务台、辅导员事务办公室、综合会议室、就业创业指导室、心理咨询室五个功能分区。功能区设计以象征农科专业特点的绿色为基调，极力打造一个清新、温馨、活泼的工作交流环境。学院要求每位辅导员每天下午进驻“青果助力站”，贴近学生开展思政教育主业工作；同时配备 2 名学生助手，协助处理日常事务。建站以来，辅导员坚持进学生公寓开展思政教育工作，直观地改变了以往在学院行政楼办公的模式，创新学生教育管理途径，真正做到“深入到学生中间去”。同时，工作站的建设将过去偏重于“辅导员找学生谈话”的工作方式转变为“学生主动找辅导员谈心”，将刻板的“说教者”形象转变为“亲切朋友”，有效提高了思想教育的亲和力。

（二）服务化：打造阵地育人的价值标签

一是设立“青果便民服务站”，把学校一些职能和服务窗口“搬回家”，培训学生自行掌握常规的业务办理流程，开展补办学生附卡、火车票优惠卡充磁、医保报销以及打印复印等自助服务事项。二是以“青果”站为联结点，确立“宿舍信息员—公寓层长楼长—学院辅导员”的信息收集和意见反馈机制，同时开通集教育、学习、服务等为一体的“青果有约”微信公众平台，广泛收集学生的意见建议，畅通学生利益诉求渠道，完善学生信息传达和意见表达机制，努力把矛盾化解在萌芽状态。三是以服务促管理，用服务抓教育，通过制定完善《“青果助力站”学生便民服务机制》等规章制度，在维护学生合法权益的同时规范、强化各项管理服务制度，引导学生在公寓内进一步培养遵规守纪的意识，增进自我教育、自我管理、自我服务和自我监督的综合能力。

（三）品牌化：推动阵地育人的内涵创新

发挥“青果助力站”的品牌效应，将传统说教式的教育方式形象化、生动化、可视化，促成了“青果”这一形象的诞生。“青果”是在全校范围内征集的带有鲜明植保专业特色的卡通形象，其含义是指对学业成果还不突出、个性成长还不成熟、价值观念也还不稳定的青年学生，通过开展春风化雨、润物无声的思想政治教育工作，助力他们在大学这个“大熔炉”中蜕变成长、化茧成蝶。借助“青果”这一“萌萌哒”并深受大学生喜爱的形象，将思想政治教育形式进行“卡通”润色和包装，将教育内容进行日常化、形象化、艺术化建构，使原本枯燥呆板的思政内容深入浅出，充满艺术趣味，提高了教育内容的可读性和可感性。被赋予丰富价值内涵的“青果”也因此成为植保青年学子和辅导员正能量的象征。通过长线培育积淀，让“青果”得到学生广泛认同并积极丰富其内涵，将其打造成为学院学生思政工作的品牌形象，成为独具特色的育人载体。当教育的内容为大学生所接受，作为助力“青果”的实践主体之一的辅导员，自然就能"四两拨千斤"，在收获学生教育引领实效的同时，得到广大学生的支持和拥护。

（四）制度化：落实阵地育人的成效保障

为保证公寓管理与服务的顺利开展，促进辅导员日常服务工作科学化、规范化、人文化，"青果助力站"建立完善相应运营管理制度。在建设之初，学院拟定了《思想政治教育工作进公寓试点实施方案（试行）》，并逐步规范《"青果助力站"辅导员职责》《公寓学生管理条例》《"青果助力站"学生便民服务机制》等相关制度。同时，加强助力站人员能力培养和业务水平提升，规范学生干部培养和选拔机制，加强对学生党员、学生骨干的业务培训，提高学生自我教育、自我管理、自我服务和自我监督能力，保障"青果助力站"有序运行。

三、主要成效及经验

（一）辅导员工作进公寓，促"青果家园"理念成为共识

"青果助力站"自初创以来，辅导员每天接待来访学生10多人次、走访学生宿舍至少1次，大大扩大了辅导员与学生群体的"交集"，师生之间"碰脸照面"的机会明显增多。在此基础上，将辅导员日常工作渗透"下移"，切实推进学生公寓管理精细化，使辅导员更加主动地深入学生群体，了解学生的思想动态和学习生活情况，特别是在日常行为养成、学业督导、心理帮扶、就创业指导等方面给予学生有效管理和服务，促使学生潜移默化地形成良好的学习生活习惯，填补了学生课程教学环节之外的教育空间，强化了育人工作的过程性、延续性和有效性。辅导员主动作为的意识得到进一步

学院政工团队在青果助力站召开会议研判工作

增强，在与学生近距离接触、磨合的过程中锻炼了分析问题和解决问题的能力，在学生中的亲和力、影响力也有了较大提升。同时，发挥“青果助力站”的涡轮效应，着力培育“青果家园”的理念，构建“大思政”的全视角平台。积极搭建以辅导员为主体，专业课老师、班主任、学生党员干部、意见领袖等为有效补充的全员育人模式，通过发挥辅导员在学生教育管理服务中的桥梁纽带作用，调动校园其他教育管理单位和个人参与学生思政教育，形成多方联动、同心同向、优势互补的良好态势。

（二）学生党建进公寓，促“两学一做”常态化制度化

以“青果助力站”为中心辐射周边学生公寓，设立党员宿舍示范岗。在学生党员的宿舍门口悬挂“党员宿舍”标识，亮出学生党员身份及其修身格言，规范党员的日常行为准则，促进党员宿舍在思想、学习、生活、纪律、卫生等方面都争优创先，切实发挥模范带头作用。发挥助力站的区位优势，有效强化学生党员的先锋模范作用，让身边的榜样看得见、比得着、学得到，同时建立学生党员、党员宿舍与“青果助力站”之间的有效联动和功能互补。在教育上，形成协同合力，既注重助力站作为思政教育的阵地平台功能，又有效挖掘学生党员模范的朋辈感召和群体引领作用。在管理上，设立党员责任岗，以楼层党员为突破点，设立党员层长，强化学生群体对学生党员的监督，积极发挥学生党员主体作用，在宿舍学风建设、党员行为规范、应急事件处置、网络舆情报送等工作中发挥有效作用。在服务上，积极调动学生党员参与宿舍服务，形成学院、助力站、党员干部“三级服务体系”，既提高了学生党员的党性修养，又发掘培育了一批“两学一做”学习教育的身边典型，丰富和拓展了助力站的功能内涵。

（三）服务项目进公寓，促学生“四自”能力有效提升

以满足学生需求为着力点，建立学校管理与学生需求的共振互动机制，构建形成部门联动平台，以保障学生学习、生活需要为实施重点，从后勤保障、学业辅导、活动指导等方面入手，努力实现服务质量提升。通过服务学生，解决学生遇到的实际困难和成长成才过程中遇到的问题

瓶颈，让学生既体会到服务的温暖，感受到集体的力量，又能在润物细无声中接受责任意识教育培养，变接受服务为主动作为，让思政教育的成果真正落实到行动中。建站以来，学生干部通过定期例会、素质拓展、开展主题活动和自助服务项目等多种形式加强沟通与协作，提升组织执行力，逐步形成"自我教育、自我管理、自我服务、自我监督"的良好氛围。一年来成功组织了 30 余场团学活动，举办了制药工程专业实验技能大赛、"英龙杯"英语演讲比赛等学院品牌活动和各类文体活动，拓展了学生综合素质。

（四）主题教育进公寓，促社会主义核心价值培育践行

结合重要时间节点、重大节日庆典，深入开展主题征文、墙报评选、辩论赛、读书会等贴近大学生日常学习生活的思想教育主题活动，优化活动形式和手段，进行全方位、多角度宣传，对学生大力进行主流价值观教育，坚定学生的理想信念。在学生公寓树立典型，选树"党员先锋""学习型宿舍""我身边的好青年""我的青春我的团"等优秀典型，营造比学赶超的良好氛围，以先进事迹感召青年，以优秀人物影响青年，以榜样精神引领青年，传递校园正能量，进一步深化大学生对社会主义核心价值观的认识，增强培育和践行社会主义核心价值观的自觉性、坚定性。一年来，学院有 16 名理论学习骨干参加了首届校大学生学习马克思主义理论"一'马'当先"知识竞赛并取得团体总分第四名的好成绩；有 328 人次参加了 20 多项公益志愿服务活动，累计达 1100 多个工时。

（五）文明创建进公寓，促校园环境和谐稳定

坚持开展文明学校、平安校园创建活动，发挥助力站在和谐校园建设中的"火力点""防火墙"作用。加强公寓安全管理措施，以学生自律会组织为基础，长期不懈地深入宿舍进行安全隐患排查工作，对发现的隐患及时整改，并通过院情通报、座谈会、表彰会等形式对学院基础文明工作及时进行总结和表彰。扎实做好治安秩序、文明环境、电器使用、晚归点名等工作，确保学生生命财产安全和生活环境安全。加强"寝室安全文化"建设，设计制作和张贴防盗防骗、反传销及消防安全等标语，

发放安全知识宣传册，使安全教育成为“青果”文化的一个因子。完善安全预警机制，充分发挥助力站枢纽功能，保证上传下达信息渠道的畅通和信息传播的准确有效，一旦有突发事件能做到快速掌握、快速上报、快速处理，将损失降低至最小。在“青果助力站”良好的沟通氛围和环境支撑下，通过辅导员耐心细心的教育引导，同学们理解配合学院开展安全隐患排查整治工作，从最初被动接受检查逐渐转变为主动参与督查。2017 年上半年共排查宿舍各类安全隐患 261 处，且按要求全部整改到位。

（六）院本文化进公寓，促学院“英龙精神”弘扬传承

以弘扬植物保护学院在办学历程中形成的英龙精神为目标，强化学院文化对广大青年学生的引领与熏陶。通过优化助力站的实物布局，融入具有学院特色的丰富文化展示和视觉传播元素，为师生交流互动、学习成长提供良好的基础保障和文化氛围。院本文化进公寓，促进了学风建设持续向好。全院学生补考率逐年递减，英语四级通过率保持在 90% 以上，2017 年学院有 3 名研究生和 26 名本科生获 2017 年国家公派留学人员资格（占全校总数一半以上）。同时，科技创新成果涌现，在参加创新创业训练项目、“挑战杯”大学生课外学术科技作品竞赛、“国药工程杯”全国大学生制药工程设计竞赛等比赛中，学院学生均有可喜成绩。此外，还通过实施学院文化“走近·走进”计划活动，深化了学生对学院及学院精神的认同感，推出了践行英龙精神的 123 位各方面典型，大力传承和弘扬英龙精神为核心的学院文化，不断汇聚建设研究型学院的正能量。

四、下一步加强和改进的计划

一是进一步深入落实辅导员谈心制度，关心关爱学生成长。在“青果助力站”平台上持续拉近辅导员与学生的心理距离，逐步提高谈心谈话工作有效性，特别对学业困难学生、心理困惑学生、少数民族学生等分类别、分重点、分阶段开展更具针对性的一对一谈心，或一对多的团体心理辅导，引领学生树立正确的人生观、成才观、价值观。

二是进一步培育和挖掘"青果"品牌效应，赋予其更为丰富的文化内涵。开发并推出"青果"原创文化作品，可涵盖漫画、沙画、flash等多种形式以及"青果"笔记本、U盘等一系列实体、网络产品，优化"青果"品牌的文化开发途径，让"青果"形象深入人心。

三是进一步完善辅导员与班主任、任课教师联动的学风建设工作机制。在明确班主任统筹协调、任课老师课堂监督、辅导员思想引导的基础上，加强三者之间的沟通和联系，凝聚合力，形成"管、帮、带、辅"的教育模式，同时选聘优秀专业教师、关工委老教师、优秀高年级学生等担任学业辅导员，定期在助力站帮助学生解决学业难题，深化全员育人。

四是开设"青果微说"微信频道。选取贴近学生思想、学习和生活实际的话题，定期在助力站开展以辅导员为主讲的"青果微说"讲坛，同时在学院"青果有约"微信公共账号上同步发布，力求思政教育线上线下双向同行，双频共振。在打造"青果助力站"这一大学生思想政治教育工作阵地的同时，也促成其成为辅导员展现自我、提升自我的平台。

学风培育工程

集美大学

学风是学生在学校中经过长期的教育和影响逐步形成的行为风尚，是大学精神和文化的集中体现，也是衡量和评价一所大学办学品位、育人环境和社会声誉的重要标志。习近平总书记在全国高校思想政治工作会议上强调指出：要坚持不懈培育优良校风和学风，使高校发展做到治理有方、管理到位、风清气正。集美大学历来高度重视学风建设，从激发内在动力、发挥教师主导、建立制度规范、选树典型示范、倡导全员育人等五个方面下功夫，构建起了具有嘉庚精神特色和“诚毅”校训文化内涵的学风培育工程。《光明日报》《中国教育报》《福建日报》《厦门日报》等新闻媒体多次采访和报道了学校学风建设系列活动和成效，受到社会各界的广泛赞誉。

一、项目主题与思路

学风建设工程坚持标本兼治、综合施策的原则，突出学生主体地位和教师主导作用，通过教育引导、制度规范、监督约束、查处警示等途径，着力培育学生勤奋创新的求学精神、严谨务实的治学态度、科学诚信的学术道德，努力形成体现嘉庚精神风骨和诚毅品格特质的优良学风。

二、实施方法与过程

（一）激发学生学习动力，夯实学风培育工程根基

一是注重思想引领。高校立身之本在于立德树人。集美大学在学风培育过程中始终坚持主动引领，贴合学生思想生活实际，实施“引航工

程”，通过“学思论坛”“知行讲堂”等平台，邀请专家名师、优秀校友分享成长故事，解读时代责任，将理想信念教育、专业思想教育、就业创业教育与学风建设有机结合，帮助学生明确学习目的，增强学习自主性。开展“我的校训故事”主题教育实践活动，讲好嘉庚故事和校训故事，不断增强学生奋发成才的责任感和使命感。

二是拓展实践平台。学校在学风培育过程中始终注重知行合一，突出价值引领和学术导向的实践育人理念，积极搭建融合学校特有的内核精神和办学定位的专业帮扶、义务支教、勤工助学、法律援助等成长平台。加强实践育人的顶层设计和过程指导，统筹抓好专业技能竞赛、第二课堂活动、社会实践、志愿服务、实训实习、就业见习等实践育人平台，提升学生的社会责任感、创新精神和实践能力。大力扶持学习型社团和学术科技型社团，把社团活动与学生专业实践紧密结合起来，使社团活动成为一门生动的专业实践课程。

三是开设“大学学习导论”课程。每学年初，学校面向新生开设“大学学习导论”课程。课程分为三大模块：嘉庚精神与学校历史文化、学科专业学习导论、大学生涯与职业发展规划和心理健康教育。通过嘉庚精神和校史教育，培养新生对学校文化的认同；通过学科前沿介绍与前景展望，激发学生的专业学习兴趣；通过学业职业规划指导和心理健康教育，促进学生尽快适应大学学习生活。

四是推进学生科创活动。学校鼓励、支持学生开展科技创新活动，设立大学生学科竞赛专项经费，出台《集美大学学生学科竞赛管理办法》，对学科竞赛进行分类别、分层级的管理，并将学生课外科技文化活动纳入学分管理。推进各类创新创业基地建设，遴选优秀科创项目和创业项目入驻基地予以指导孵化，形成理论与实践并举、课内与课外联动的创新创业工作格局。鼓励学院大力开展学科特色科技文化活动，充分发挥科技创新对学风的引领带动作用。

五是营造浓厚的文化氛围。学校注重以文化人、以文育人，举办“航海文化节”“嘉庚财经教育文化节”“海洋文化节”等具有浓厚学科专业特色的校园文化活动，着力打造校训文化、迎新文化、毕业文化、助学文化、宿舍文化等特色主题文化项目，激发学生向学向上之心。定期举办高水平的学术报告和专业学习研讨会，在师生中广泛开展专业学习交流，形成蓬勃向上、探索创新的学习氛围和校园文化环境。

（二）发挥教师主导作用，凝聚学风培育工程合力

一是从提高教学质量入手，制定《集美大学本科教学质量评价办法》，强化本科教学质量监控与评价。《办法》针对教师反映评教不够科学、合理的问题，更加注重教学质量评价的可操作性，使评价结果更加客观，更加有效引导教师积极投入教学工作，推进教学改革，创新教学方法，不断提高教师的教学质量和教学水平。

二是从岗位设置入手，设立教学型高级职务岗位，用于鼓励长期从事本科教学的教师，全身心投入到教学及教学研究工作。学校按照《集美大学教学型教师高级职务聘任办法（试行）》，完成了十多位教学型教师高级职务的聘任，吸引和遴选了一批从事本科教学工作有一定年限、师德和教学质量优良的专任教师静心教学、潜心育人。

三是从密切师生联系入手，完善本科生导师制，切实发挥导师、班主任在学风建设中的主导作用，实施班主任走访谈心制度，促进教师关注每位学生成才需求，关心每位学生成长进步。鼓励名师、特聘教授和学科带头人每学年为学生至少开设 1 次成长成才、科普知识的讲座或报告会。

四是建立学业发展工作室。整合专业教师、管理干部、优秀学生等优质育人资源，为学生学业发展提供个性咨询和深度辅导。工作室设立专业学习交流、学业与职业发展规划、考研沙龙等主题工作坊，注重名师引领，注重学霸助学，搭建“师生互动”“生生互助”平台，积极开展教授接待日、优秀青年教师导学日等学风建设活动，实现学业帮扶精细化，为学生提供丰富优质的学习资源和支持服务，促进师生间多元化、多层次的沟通与交流。工作室从 2015 年 5 月成立至今，共举办了 26 期活动，成效显著，深受广大师生的好评。加强易班、微博、微信等网络

平台建设，将新媒体文化元素融入学业发展服务中，积极开展线上线下教育教学活动，形成更大的教育合力。定期邀请学生最喜爱的教师、优秀辅导员、大学生“五星”等做客“青春领路人”“书影背包”“校园人物”栏目，与学生交流互动，引领学生健康成长。

学业发展工作室——学霸助学专题沙龙活动

（三）强化管理规范功能，筑牢学风培育工程制度保障

一是加强文明行为养成。学校组织学生干部开展教学楼文明督导和课前督导，严格学生学习的过程管理，促进学生的平时学习。建立辅导员与任课教师联系协同制度，定期开展学风专项督查，严控旷课、迟到、早退等不良行为。学校通过易班网发起早起、读书、运动“三七二十一”签到打卡活动等，促进学生良好行为习惯的养成。

二是完善教学管理。健全主辅修制、转专业制等一系列有利于学生自主学习的制度。健全了课程考核制度，杜绝“清考”做法，加强重修和缓考课程的管理，保证修课与考试质量，促使学生认真对待学习，自主科学规划学业。出台《集美大学课程考核与考试违规管理办法》。修订《集美大学学术道德规范实施细则》，规范学术行为，强化监督管理，严肃查处学术违规，对学术不端行为零容忍。

三是修订了《集美大学学生违纪处分规定》。《规定》遵循依法治校，明确学校是做出处分决定的主体，规范各类违纪学生处分等级和程序，加大对考试作弊行为的惩处力度，维护学校正常的教学秩序和良好的学习生活环境，保障学生合法权益。

（四）选树学风教风典型，提升学风培育工程品质

一是开展“学生喜爱的优秀教师”“年度十佳优秀教师”评选活动。

通过学生广泛民主推选、同行专家公正评议，大力表彰一批师德高尚、贡献突出、深受学生好评的教师，树立教师职业的神圣感和荣誉感。

二是开展年度学生“五星”系列评选活动。组织开展大学生“学习之星”“实践之星”“科创之星”“志愿之星”和“自强之星”的“五星”系列评选活动，使不同个性、不同兴趣、不同追求的学生找到展示自我的舞台和努力的方向，激发每位学生的优势和潜能，鼓励个性发展、多样发展、全面发展。在每年 10 月 21 日陈嘉庚先生诞辰之日隆重举办学生“五星”颁奖典礼固化嘉庚精神和诚毅校训教育的载体和形式。

三是利用现代网络媒体宣传学风教风典型事例。举办优良学风班级、优秀教师、优秀学生先进事迹宣讲，强化示范带动，注重用身边事教育身边人，用身边事激励身边人。充分考虑学生的接受习惯，利用易班网、校园网、微信公众号等网络媒体，创新传播手段和文化样式，增强典型宣传效果。

（五）倡导全员育人，扎实推进学风培育工程实施

一是激发活力。实施学院学风建设精品项目培育工程，调动学院积极性和首创精神，鼓励学院利用资源优势和学科特色推进学风建设工作创新，倡导“一院一品”，形成一批实效性强、辐射面广的专项学风建设示范项目。

二是举办“倾听·成长”师生心灵对话交流活动。邀请学校领导、职能部门负责人、专家名师等嘉宾，围绕学生关切的热点、难点与学生代表沟通心声，解答学生的疑惑，促进学校与学生的理解和信任，推动学校事业的发展。

共创新学风　共筑大学梦
——“倾听·成长”师生心灵对话交流活动

三是提升辅导员育人水

平。定期举办辅导员论坛和主题沙龙活动，组织辅导员团队开展定向研究，建立有利于辅导员专业化发展的培训平台、科研平台、交流平台。

三、主要成效及经验

学风培育工程是一项系统工程，涉及面广，影响深远，对学生思想道德品格和行为习惯的养成至关重要，是立德树人工作的重要抓手。学校实施学风培育工程以来，成效显著。

一是主动学习风气日益浓郁。学生学习主动性、自觉性有所提高，课堂出勤率、自习室利用率、图书资源利用率较高。特别是近三年，考试违纪人次数明显下降。2015 年为 223 人次，2016 年为 161 人次，2017 年为 96 人次。英语四六级考试通过率呈逐年上升趋势，2015 年英语四六级考试通过率分别为 71.36％、23.75％；2016 年英语四六级考试通过率分别为 75.02％、26.88％；2017 年英语四六级考试通过率分别为 73.51％、28.86％。

二是学生学习效果显著提升。学生学习能力、实践水平、创新创业精神和社会奉献意识明显提高。三年来，学校共有 1352 名应届毕业生考取研究生，考取名校率稳中有升。近三年，共有 271 个大学生创新创业训练计划项目获国家、省级批准立项。学生参加全国“互联网＋”大学生创新创业大赛、全国大学生数学建模竞赛、全国大学生电子设计大赛、全国大学生机械创新设计大赛、全国机器人大赛等竞赛，共获得国家一等奖 1 项，二等奖 11 项，三等奖 9 项。在“2017 年美国（国际）大学生数学建模竞

学生付星珂获福建省首届中国“互联网＋”大学生创新创业大赛金奖

赛”中，荣获1项国际一等奖、7项国际二等奖和10项成功参赛奖。

四、下一步加强和改进的计划

一是建立学风建设的层级负责机制。成立了由校领导和有关职能部门主要负责人组成的学风建设领导小组，负责全校学风建设的统筹规划、督导检查、成效评估工作。职能部门、学院党政联席会每学期定期分析研判学风状况，制定切实有效的举措解决学风建设中存在的问题。学院院长和书记对本单位的学风建设负总责，分管教学和学生工作的院领导具体负责学风建设的组织和落实。辅导员和班主任对本年级、本班级学生学风建设负直接责任。

二是完善学风建设的保障机制。进一步加大对学风建设的专项经费投入，着力改善师生教学、学习的软硬件环境。2015年9月23日，在交通运输部、福建省政府的关心支持下，学校多方筹资2.4亿元建成迄今为止世界最大的教学实习船“育德”轮，该船可同时满足143位师生在船学习和实习，有效改善了航海类专业学生的教学实习条件。学校把学风建设成效作为单位内涵建设工作的重要评价指标，并与单位领导年度考核挂钩。

围绕学生积极构建精准育人“五维”工作体系

龙岩学院

一、项目主题与思路

习近平总书记在全国高校思想政治工作会议上指出：“思想政治工作从根本上说是做人的工作，必须围绕学生、关照学生、服务学生，不断提高学生思想水平、政治觉悟、道德品质、文化素养，让学生成为德才兼备、全面发展的人才。”大学生思想政治教育工作需要遵循品德内化的规律，通过科学的育人理念、合理的育人结构、科学的育人体系来唤醒学生的内在需要与内生动力。龙岩学院坚持“育人为本、德育为先”的教育思想，根据新形势下加强和改进大学生思想政治工作的新要求，针对本校生源素质特点和新形势下育人工作面临的新情况，积极创新，努力构建精准育人“五维”工作体系，不断推动育人工作系统化、精细化、具体化、实效化。

二、实施方法与过程

（一）精细化开展日常教育活动

结合七一、国庆等重大纪念活动和清明、端午、中秋等重要传统节日，设计主题鲜明、载体丰富的系列主题教育活动，努力将日常教育落实落小落细，做到“每学期有主题，每月度有重点，逢节庆有活动”。比如开展了“践行核心价值观，凝聚中华正能量”“践行核心价值观，彰显担当中国梦”等主题活动，开展了“我为龙岩献上十里桃花”植树节活动、“清明·红色祭扫”“粽香情·端午祭”“扎西德勒·欢庆藏历新年”

2017年端午，礼祭屈原

等活动。同时，针对当前学生文明礼仪素养缺失的实际情况，注重强化文明礼仪教育与日常行为规范养成和社会主义核心价值观教育的融合。如开展“六个文明教育”（文明在教室、文明在宿舍、文明在餐厅、文明在网络、文明在校园、文明在社会）、“助力文明城市创建，做文明有礼龙岩人”等学生广泛参与的主题活动。利用学生微服务联动中心、易班网站开展“食堂能否占座”“宿舍几点熄灯”等话题大讨论，积极倡导文明、健康的生活学习方式。开展“9·18我们易起来升旗”“倾听你的心声广场接待日”等学生广泛参与的微活动，以生动内容和鲜活的形式引导学生陶冶情操、端正品行。

（二）精准化做好经济困难学生帮扶

特殊群体学生一人一档

从“三精”入手，做好“奖、助、勤、贷、免、补、减”七位一体的学生资助工作体系。精准认定受助对象，把建档立卡家庭经济困难学生、农村低保家庭学生等特殊情况的学生作为重点资助对象，制定家庭经济困难学生认定量化测评指标体系，结合学工系统平台、校园一卡通消费情况等大数据，具体掌握学生诸如兼职、饭卡、话费等日常收支情况以及每位家庭成员的具体收入情况。精心服务，除对受助学生进行物质帮扶外，定期组织开展感恩励志诚信活动，在心理宣传栏、《心理报》等开设评优、评先、评助的心理辅导专栏，引导学生正确看待自己家庭情况、理解资助政策目的、缓解焦虑心情。精细管理，规范工作流程，以创建学生资助标准化建设为契机，对学生资助制度、工作流程、学生资助档案等各项工作进行梳理，并定期组织召开学生资助工作专项研讨会、业务培训会，切实提高辅导员业务能力水平和服务水平。

（三）精心化做好学生心理辅导

把握关键时间节点，精心做好学生心理辅导工作。首先是精心排查，确定名单。精心组织开展新生心理普查工作，建立一人一档的心理档案，并通过回访等途径进一步筛查，建立特殊群体学生名册。多渠道精心收集学生信息，动态更新特殊群体学生名单。通过心理咨询精心筛查，完善特殊群体学生名单。对于特殊群体学生名单精心分类管理，按高危对象、重点关注和日常关注三级关注类别，精准定位，精心辅导。二是精心帮扶，润物无声。通过直接性教育和间接性精心帮扶两种模式，双管齐下开展心理帮扶，助力特殊群体学生健康成长。建立一人一档，保证帮扶工作的延续性、针对性和实效性。精心制定具体帮扶措施，在重要时间节点进行特殊帮扶。三是精心跟踪，动态管理。区别高危、重点和日常三个级别特殊群体学生，进行精心分类汇报跟踪情况，并实行周汇报和月帮扶制度。根据特殊群体学生的特点，量身定制跟踪方案，精心制定专门的涉及心理干预、教育、管理、转化等跟踪方案，动员多方资源，形成合力，实时跟踪、掌握学生心理动态，防患未然。根据特殊群体近期的综合情况，精心实行动态管理，进行关注类别的降档和升级。校、院、班、宿四方统筹协调打造良好的心理生态环境，给每个学生提供一个阳光成长的平台。

（四）精确化做好学生学业指导

通过学校的教学管理系统、学工系统、一卡通、信息网络中心等信息化系统，采集学生课堂出勤、自习情况、作息时间、网络习惯、职业测评、借阅图书、考研情况、竞赛获奖、生活消费等数据，通过数据分析，初步建立学业帮扶数据库。

根据学业帮扶数据库信息，对学生进行精准分类，分为考研类帮扶、竞赛类帮扶、学业困难类帮扶。根据不同类别的学生群体，制定不同的帮扶方案。针对考研类学生，通过提前进行学业生涯规划、与已考上研究生的学长学姐心得交流、考研培训讲座、考研论坛交流、考研报考指导、24小时开放考研教室等举措，对考研类学生进行帮扶。针对竞赛类学生，通过老生带新生上手、专业老师辅导、校外专家学者启发式教育、台湾合作高校师生经验分享交流、观看往届竞赛视频等方式，对竞赛类学生进行帮扶。针对学业困难类学生，通过“辅导员面对面”学业咨询、“学业大家谈”专题讲座、助教学生“一对一”帮扶、学习经验交流会、“相约晨光”早读、寒暑假“攻科营”、任课教师课堂关注、学习进度定期反馈等方式，对学业困难类学生进行帮扶。

（五）精诚化做好学生就业服务

与用人单位及人才服务机构精诚合作，连通用人信息与就业需求，建立健全精准推送就业服务机制，构建“全程化”“信息化”“精准化”“常态化”就业指导与服务体系。通过开展职业生涯规划、职业生涯规划大赛、职业测评、就业指导、就业政策宣传等“全程化”就业指导，增强学生职业规划与就业意识。利用就业网、手机短信、微信等渠道，“一对一”“点对点”发送就业信息，建立供需精准对接“信息化”服务平台。通过企业、学校及二级学院等各级联动，开展“精准化”就业服务，如与企业对接，定制龙岩学院专属招聘信息，提供精准就业岗位；就业中心利用互联网＋就业模式，精准推送相应就业政策、岗位信息、指导服务等；二级学院通过开展行业招聘会、精准帮扶活动等，实现就业服务个性化、差异化。深化就业跟踪“常态化”，强化就业工作主体责任，对离校未就业学生实行实时跟踪，并根据学生的就业意愿推送就业信息。

三、主要成效及经验

龙岩学院探索构建精准育人工作体系，从精细化日常教育、精准化经济帮扶、精心化心理辅导、精确化学业指导、精诚化就业服务等五个维度，做好学生成长服务、引导学生成才需求，精准发力、精细实践、层次互补、系统联动，切实做到精准化、立体化、多维度的全程育人、精准育人。

（一）思想教育活动更接地气

小、实、精、内涵丰富的活动在学生中引起深刻反响和共鸣，激发了广大学生的参与热情和创造力，成为同学们互相影响、互相帮助、自我教育、共同成长的广阔平台。同学们在参与和体验中，感受中华优秀传统文化，践行社会主义核心价值观，树立正确的人生观、世界观和价值观。特色教育活动也得到了媒体的关注和广泛报道，如欢庆藏历新年活动，东南网、福建省教育厅网站进行了宣传报道；“粽香情·端午祭”活动，龙岩电视台、闽西新闻网进行了宣传报道；首届闽台文化嘉年华活动，龙岩电视台、《闽西日报》、福建省教育厅网站等多家媒体和平台均进行了宣传报道。

（二）家庭贫困学生实际困难得到解决

2016年，学校一般困难学生人数达2306人，特别困难学生人数695人，未出现一名学生因家庭经济困难而失学，这既得益于近年来政府加大资助力度，也离不开学校在精准资助方面所采取的措施。家庭贫困学生不仅在经济上得到了资助，身心也得到健康发展，自信心普遍提高，感恩意识不断增强。学校两名学生在省教育厅举办的“奋斗的青春最美丽”电视微演讲大赛中成功晋级全省前20名。一名身患脆骨病的贫困学生在校第九届职业生涯大赛中获得第一名。

（三）心理帮扶工作取得良好成效

对特殊群体学生的精心辅导实现“助人自助”目标。对个别存在严重心理问题的学生，做到了早发现、早干预，保证了校园的和谐安稳，有效预防危机事件的发生。在持续的精准心理帮扶工作中，引导特殊群体学生培养了良好的心态，掌握了面对心理困扰的自我调节方法。每学期均有在册的特殊群体学生情况平稳，达到降档的要求，能够在校学习的特殊群体学生，也基本能够顺利毕业，步入社会。

（四）学风建设得到显著提升

学生在自助和他助中共同成长，近年来，学校考研学生数量逐年攀升，质量也明显提高，考取复旦大学、厦门大学等985高校的数量也有所增加。学生积极参加各类省级、国家级竞赛，并取得良好的成绩，在2014全国高校移动互联网应用开发创新大赛中，学校代表队荣获全国二、三等奖；在2014年全国数学建模大赛中，学校代表队荣获国家二等奖，竞赛成绩在全国同类高校中名列前茅。学生挂科率和重修率持续降低，培育了多个“免监考”班级，促进了整体良好学风的形成。

（五）就业质量和就业满意度得到提高

通过大力开展企业、学校及院系的三级联动精诚合作，健全精准推送就业服务机制，为学生提供精准就业信息，促进学生精准就业。学校2017届毕业生初次就业达到98.41%，同比去年提升2.67个百分点，就业质量和学生的就业满意度明显提升。据第三方调研数据显示：93%的毕业生对母校就业工作感到满意，总体满意度较高；用人单位对毕业生的工作表现的满意度为98.31%，处于“比较满意”水平。

四、下一步加强和改进的计划

高校学生育人工作存在的主要问题是：育人主体目标缺乏层次化、系统性；育人内容缺乏具体化、全面性；育人途径缺乏多元化、协作性。因此，在构建育人体系时，应要合理配置育人资源，育人载体协调联动。

（一）健全系统化信息共享机制

个人发展，身心一体；既要引导学生仰望星空，又要落地学生衣食住行。学生某一方面的问题，可能会继发学生其他方面的不适，如经济贫困，可能会引发自卑心理，自卑心理继发人际不适，甚至会影响到顺利就业。精准育人体系不是孤立的、条块的，而应是统筹全面了解问题、联动发力。在清晰分割信息共享与保密原则界限的前提下，学生的精准信息在学校及院系两级之间的共享，以及院系内部不同辅导员之间的共享，对精准育人实效性至关重要。

（二）完善具体化实操工作模式

1. 凝练日常教育活动品牌经验，进一步扩大主题教育活动的受众面和提高学生的参与热情。

2. 增设奖学金项目、发展性资助项目。为家庭经济困难学生提供科研能力、就业创业能力等综合素质能力帮扶。增设学生资助育人专项，为资助政策宣传、感恩励志诚信主题教育活动等提供经费保障，提高资助育人工作成效。

3. 思考特殊群体学生“受助—自助—助人”转变的途径。通过持续对特殊群体学生开展精准心理帮扶，目前基本实现特殊群体学生从“受助”到“自助”的心态转变，但由于此类学生的特殊性，目前学校尚未发挥他们的榜样作用，其“助人”的机制尚未形成。学校将认真思考如何在保护特殊群体学生的基础上，形成“受助—自助—助人”的模式。

4. 进一步完善特殊学生的辅导咨询机制。寻找、拓展跟踪帮扶资源，建立健全社会支持系统，增强学生的社会支持力量，提高精准辅导的效度，促进学生健康成长。

5. 建档立卡，加强就业困难群体帮扶。多途径全面了解就业困难群体名单，建档立卡，一生一策，准确定位，精准帮扶，精准就业。

思政扎根宿舍　思想引领成长

福建林业职业技术学院

习近平总书记在全国高校思想政治工作会议上提出："高校思想政治工作关系高校培养什么样的人、如何培养人以及为谁培养人这个根本问题。要坚持把立德树人作为中心环节，把思想政治工作贯穿教育教学全过程，实现全程育人、全方位育人。"宿舍是学生日常生活与学习的主要活动场所，在实践中学院坚持把宿舍作为强化学生思想政治教育的重要阵地，探索形成体现学院办学传统和办学特色的思想政治工作新路径，取得了阶段性成效。在未来的工作实践中，学院将结合贯彻全国全省高校思想政治工作会议精神，进一步总结经验，分析存在薄弱环节，不断拓宽思路，创新载体，着眼于健全长效机制，让思想政治工作扎根学生宿舍，从思想上引领学生成长成才。

一、项目主题与思路

本项目以"思政扎根宿舍，思想引领成长"为主题，紧扣贯彻落实《中共中央、国务院关于加强和改进新形势下高校思想政治工作的意见》《中共福建省委、福建省人民政府关于加强和改进新形势下高校思想政治工作的实施意见》和全国、全省高校思想政治工作会议精神，坚持理论教育与实践活动相结合、严格管理与热心服务相结合、心理疏导与文化熏陶相结合，通过美化生活环境、丰富宿舍文化、建好思政阵地等举措，构建党员干部联系宿舍、服务同学机制，实施"五进宿舍"工程，落实落细全员育人、全方位育人，强化对学生进行理想信念、马克思主义理论、社会主义核心价值观和优秀传统文化教育，不断提升学院思想政治教育工作水平。

二、实施方法与过程

（一）理论教育进宿舍

1. 马列学习小组进宿舍。马列主义学习小组是青年学生学党章、学马克思主义理论、学习近平总书记系列重要讲话精神和治国理政新理念新思想新战略的重要阵地。根据学生宿舍分布情况，探索以班级、宿舍、楼层等为单位组建马列学习小组，通过老师与学生对话、学生与学生讨论、老师参与交流互动等多种模式，引导学生学习理论、关注形势热点、研讨交流“感恩”“诚信”“心理健康”等话题，并采取老师挂点、党员负责等形式，强化指导与监督。

马列主义学习小组进宿舍

2. 宣传阵地落地宿舍。在每栋学生宿舍楼设置宣传栏、安装液晶显示屏，建立理论学习宣传阵地，宣传马克思主义理论和党团知识等，适时播放《新闻联播》和《将改革进行到底》《辉煌中国》《不忘初心，继续前进》专题片等相关视频，做到让“思想”看得见、“听”得到，在潜移默化中引导教育学生树立“四个正确认识”，践行社会主义核心价值观，提高学生思想政治觉悟和理论素养。

3. 名人名言进宿舍。在宿舍楼梯台阶上粘贴马列主义格言警句，利用宿舍楼墙面布置名人名言和有关挂图，让马列主义思想在宿舍楼内随处可见、落地开花。同时每月推出一期“青马主题海报”，推广“青马思想”，让“青马思想”喜闻乐见，引导学生学会思考，潜移默化思想引导。

（二）党建工作进宿舍

推进学生党建重心向宿舍转移，拓展了党建工作的空间，弥补了党建在宿舍的真空地带，为党建和思想政治教育提供平台，达到思想政治教育和宿舍管理的双赢。

1. 学生支部建在宿舍。将学生党支部建在宿舍，扎根基层，能最大限度地发挥党支部的引领作用。一是强化学生党支部宿舍责任区，明确党员、入学积极分子联系责任宿舍，实施目标管理与考核。二是建立辅导员责任机制，在辅导员入住学生宿舍的基础上，进一步明确辅导员宿舍党建职责，分别负责各自党支部、党小组工作。三是开展“先进宿舍党支部”“党员示范床位或示范寝室”“党员文明监督岗”等创先争优活动。

2. 党团阵地建在宿舍。阵地建设是大学生党员、团员教育的重要载体，学院在每栋宿舍楼内建设“党建活动室”，解决了党建与学生之间“最后一公里”的距离，通过定期开放活动室、安排专人值班，及时宣传、解答学生党团知识相关疑惑，让党建贴近学生生活、走进学生内心。同时，将共青团“推优入党”工作的重心放在宿舍，把团员在宿舍的行为表现作为“推优入党”的主要依据之一，从而把共青团的“推优”工作与党的组织发展工作有机地结合起来，使党建带团建的工作落到实处，推进党建工作发展。

3. 党员服务站建在宿舍。在每栋宿舍楼成立党员服务站，本着“自我教育、自我管理、服务同学”的宗旨，安排党员定期值班，积极发挥党员服务站的“教育、指导、服务、反馈”职能，帮助学生解决困难与问题。同时对全体党员和学生党员宿舍采取挂牌公示制度，使学生党员接受群众监督，创先争优，提高全体党员素质。

（三）行为养成进宿舍

大学时期是行为方式和思维模式培养和形成的关键时期，作为高职院校学生，行为养成教育应该作为引导学生践行社会主义核心价值观的基础。

1. 行为规范宿舍。一是注重秉承“敬业、吃苦、务实、进取”的“天麟精神”，培养学生自强自立能力，在全校范围内实施“自带垃圾下楼”“宿舍门口三包”制度，开展“文明宿舍评比”活动，强化对学生的生活行为习惯养成。二是在宿舍实行分时“断网”，与学生签订“文明上网自律公约”，开展“文明上网从我做起”等活动，用丰富的活动引导学生“走下网络，走出宿舍，走向操场”，教会学生学会辨别是非，懂得取舍，文明使用网络，培养良好上网好习惯。三是建立宿舍文明行为疏导与督导机制，由学生宿舍管理委员会定期进行宿舍文明检查，并定期开展“文明行为我有话说”演讲比赛、“文明行为从我做起”海报设计大赛等活动充分发挥大学生自我管理、自我教育的主体作用，增强行为自觉性、独立性和主动性。

2. 文化渲染宿舍。健康向上、丰富多彩的宿舍文化能促使学生形成良好的心境和愉悦的情感，使道德情操得到升华。学院学生会每年定期举办“宿舍文化节”活动，通过设立“舍标制作大赛”、“绿色宿舍文化”DV 拍摄大赛、宿舍体育项目竞赛等，不断丰富学生宿舍生活。

（四）专业技能进宿舍

高职人才培养，技能是关键。让专业技能走出课堂、走进宿舍、渗入生活，是培育校园技能文化、提高学生职业素养的重要载体和有效途径。

校园技能大赛颁奖仪式

1. 专业技能创作进宿舍。根据各宿舍各楼层学生专业分布情况，利用宿舍空白区域，合理布局，整合室内设计、园林设计、木材加工、计算机应用技术等专业资源，对宿舍楼墙面、走廊等进行设计。如鼓励木材专业学生进行墙面微雕，鼓励室内设计专业学生进行喷绘等专业创作，让专业技术深入学生日常生活，利于引发学生专业自豪感，提高学习热情。

2. 技能成果展示进宿舍。定期在学生宿舍楼内举办学生技能运动会，开展学生专业社团活动，展示技能活动成果，引导、激发学生创作热情和学习主动性。

3. 技能先进模范进宿舍。利用LED电视显示屏、宣传栏适时宣传参加全国、全省技能大赛团队和同学的训练、成长情况和比赛成绩，发挥典型示范引领作用，营造比学赶超的氛围。

（五）心理健康教育进宿舍

1. 心理咨询室进驻宿舍。将心理咨询室设在宿舍楼底层，便于开展心理咨询工作。建设心理咨询室，培养心理咨询骨干队伍，充分发挥心理咨询教师、辅导员、班级心理委员作用，要求其定期或不定期下宿舍谈心，及时发现心理隐患，解决心理问题。

2. 心理健康教育活动进宿舍。开设心理健康教育讲座、心理辅导老师与寝室谈心、楼层朋辈辅导员和寝室心理信息员培训、宿舍人际关系的团体辅导活动及宿舍心情故事征文等活动，推进心理健康教育活动的开展。

3. 心理健康教育知识进宿舍。在每年“5·25”心理健康月活动和新生心理普查的时候，在宿舍区黑板、墙报、宣传橱窗、心理健康小贴士张贴心理知识，发放心理宣传资料等，加大心理健康知识的宣传普及。

三、主要成效及经验

通过开展上述“理论教育进宿舍、党建工作进宿舍、行为养成进宿舍、专业技能进宿舍、心理健康教育进宿舍”的“五进工程”，让学生思想政治教育实现有平台、有抓手，贴近了学生生活，解决了学生实际问题，丰富了学生业余生活，推进了学生思想政治工作落地生根，取得了初步的成效。形成以下几点经验与体会：

（一）要注重关心关爱

要按照习近平总书记提出的“围绕学生、关照学生、服务学生”的要求，牢固树立关爱学生的工作理念。要真正深入学生生活，认真调研掌握学生的基本情况，探索建立机制、搭建平台，主动采取措施帮助学生树立成长成才的信心。要把宿舍建设成为学生温馨的“家”，及时化解学生的生活、学习压力和矛盾。要加强对学生的自强、诚信和感恩教育，积极探索学生发展需求，主动帮助学生成就梦想、成长成才，不断提升育人工作质量和水平。要切实建立健全师生交流沟通机制，严格落实辅导员谈心谈话、工作台账、定期走访宿舍和召开班会等制度。

（二）要注重解疑释惑

要着眼于引导学生正确认识世界和中国发展大势，正确认识中国特色和国际比较，正确认识时代责任和历史使命，正确认识远大抱负和脚踏实地。通过理论教育进活动，把理论学习融入生活，引导帮助学生学会应该在哪用力、对谁用情、如何用心、做什么样的人，消除学生的疑惑。

（三）要注重回应关切

注重满足学生成长发展需要和期待，强化服务学生发展的意识和理念，结合学生的专业发展、技能提升和素质培养开展思想政治工作。注重以宿舍为阵地，开展技能文化进宿舍，强化专业思想教育，引导学生认清所学专业发展前景、社会需求和就业态势，提高学生专业素养。要紧紧关注青年学生心理情感情况，适时分析他们的心理需求，及时开展心理疏导。

四、下一步加强和改进的计划

（一）持续推进项目实施

当前，思想政治工作进宿舍还刚刚起步，还有许多方面仍处在探索和实践中，一些工作措施还要进一步细化和完善。学院将进一步认真学习贯彻全国、全省高校思想政治工作会议精神，认真分析高职高专学生特点，紧扣学院学生管理特别是学生宿舍管理的实际，把思想政治工作“五进宿舍”工程进一步分解任务，明确任务，扎实推进各项建设任务的落实。

（二）着力构建长效机制

坚持边实施边总结边提炼，总结思想政治工作“五进宿舍”项目建设中的各种做法经验，及时将其固化成制度，努力形成一套体现学院特色的思想政治工作机制，探索搭建一系列行之有效活动载体，做到既强化学生的思想政治教育成效，又探索构建了工作机制。

（三）注重强化保障举措

注重探索协同育人举措，根据项目设计方案，及时与后勤、教务等部门协调沟通，解决项目实施过程中物质保障问题。将项目建设纳入省级示范性现代职业院校建设任务，确保建设项目经费有着落。

（四）强化活动舆论宣传

通过学院网站、官微、林小团微信公众号、宣传栏、广播、LED显示屏，及时宣传报告宿舍思想政治工作，营造良好舆论氛围，不断提升教育引导的效果。

“两机制一平台”创新提高思想政治工作的实践

黎明职业大学

黎明职业大学深入学习贯彻中央和省市一系列重要部署，坚持把思想政治教育工作作为学校党委中心主业，坚持“师生本位、文化育人、开放融通、创新发展”办学理念和“正直勤朴、善学强技”校训，围绕服务学生成长成才目标，回应师生成长需求，尊重教育规律和人才培养规律，以完善制度体系和责任机制为重点，强化思想政治工作问题导向，立足增强思想政治工作协同性、实效性，以“两机制一平台”为引领，积极开展系列有益的实践探索，引领思想政治工作创新，服务学生成长成才。

一、项目主题与思路

立足高职教育实际，把立德树人作为教育之根本任务，坚持“育人为本、德育为先、德技并育、全面发展”的育人理念，深入学习贯彻中央和省市一系列重要部署，围绕服务学生成长成才目标，从顶层设计着手，推行院系党建思政考核评比机制和教师育人工作量化考核机制，创新实施学生导师团制度，构建师生共同成长的育人平台，推进“标准化建设、精细化管理、优质化服务、机制化运作、无界化落实”，把思想政治教育贯穿教育教学全过程，实现全员育人、全程育人和全方位育人，提高思想政治工作实效。

二、实施方法与过程

（一）构建院系党建思政考核评比机制，释放基层活力

致力于解决高职高专院校普遍存在的一级管理、基层活力不足问题。

2009年起，黎明职业大学在全省高职高专院校中率先推动党建思政工作二级化，以开展党建思政考评为抓手，推动思想政治工作科学化、规范化、精细化。

一是完善竞争机制，推动工作二级化。学校先后围绕党建工作、宣传工作、学生工作、五四红旗团总支及先进团支部创建、就业工作、资助工作等出台一系列考评办法，对考评的目的、意义和操作办法作了明确的规定。构建二级单位党建与思想政治工作考评体系，推进就业、资助、团建等专项工作和文明校、平安校园创建责任考评的结合，并在考评中设立特色单项奖，鼓励院系开展单项工作创新和品牌培育。通过二级评估不断完善校内竞争机制，激发工作自主性和创造性，推动工作重心下移，释放基层党建思政工作活力。

二是完善工作标准，推动工作精细化。持续完善党委领导下的校长负责制、校领导分工负责制、中层领导干部工作责任制、全体教职工岗位责任制、全体党务干部和思政课教师的岗位工作制和工作督查制、问题追究制、情况通报制。制定党务干部队伍、辅导员、班主任以及思想政治教育理论课教师等各种工作主体在党建与思想政治工作中的工作标准、规程和工作手册。出台《学生思想政治教育精细化实施方案》，实施党总支、团总支、辅导员、班主任工作基本定量制度及辅导员日志制度、日常教育常规化制度、预警制度、学生档案制度、谈话制度、家访制度等“十大基本实施制度”，将精细化教育要求纳入党建思政考核评比。

（二）实施教工育人工作量化考核机制，激发育人动力

2011年起在全省范围内首创实施教工育人工作量化考核机制，以优化教师评价为抓手，激发全员参与育人工作主动性、积极性、创造性、实效性，增强全体教工服务学生成长成才的意识和能力。致力于解决专任教师、青年教师“重教学、重科研、轻育人”的动力问题和自觉问题。

一是明确量化要求。在教职员工评价体系中，参照“教学工作量”“研究类工作量”增加“育人工作量”，规定每一名教职工学年内须达到“育人工作分”100分。教职员工育人分通过教学（基本分）、担任班主

任、担任学生导师、服务学习、参与学生事务、促进就业等六个部分组成。每位教职员工结合自身岗位，自行规划完成育人工作量的方式，每学年结束后申报认定。把育人工作量化考核结果与师德师风考核、干部教师队伍年度考核、职称评聘、评奖评优、绩效考评等挂钩，对未完成工作量基本要求的教职员工进行处理，对在完成育人工作量过程中表现优异者予以表彰。

二是明确育人导向。通过构建全员育人体系，深入挖掘和发挥各项工作的育人职能，引导师生员工转变工作作风，让教书育人、管理育人、服务育人形成良性互动，为人才成长创造一个强势的育人环境。在实施过程中，充分考虑可能出现的问题、争议，着力厘清实施育人工作量化中教工关心的“本职工作与育人工作”“定量考核与定性评价”“分工协作与职责界定”等关键问题，深入解读关键问题的逻辑关系，消除教工对育人量化的疑惑，并做好实施过程中的服务保障工作，凝聚共识，确保育人量化落到实处、取得实效，共同服务学生成长。

（三）创新搭建学生导师团育人新平台，形成教育合力

军魂社导师团开展自主军训

2013 年起在全省范围内首创实施学生导师团制度，打造导师制升级版，提升师生、政行企校在高职人才培养过程中的参与度、覆盖面和受益面，推进思政工作常态化、机制化、平台化、品牌化，致力于解决教书育人“两条腿”“两张皮”问题，结合高职教育实际和师生特点需求，落实省教育厅关于实施学生导师制的要求。

一是创新组织形式。在原有学生导师制实施过程中，我们发现，面对 10 多名不同特质、不同需求的学生，“单导师”在个人专业技能、知

识面、个人能力上显然存在局限，难以因材施教，发挥好指导引导作用。针对这种“一对多”“拉郎配”的弊端，我们认真分析师生特点和需求，以“协同育人”为价值理念，倡导采取项目申报方式组建导师团，每团由一名骨干教师担任团长，实行团长负责制，吸纳 3—10 名专业教师、行政人员及企业、校友和政府人员等参加，发挥导师团成员特长资源的互补优势，面向学生开展多样化辅导。

非洲手鼓导师团参加纪念建党 90 周年活动

二是创新供给模式。将导师团分为专业技能团和素质提升团两大类。2016—2017 学年，全校共申报设立专业导师团、素质拓展导师团 170 多个，实现全校教职工全员参与育人工作的良好局面，覆盖了全体学生的个性化成长需求。其中，专业团着眼于学生专业技能提升，围绕专业教育、专业学习或技能竞赛开展指导和帮助。比如，“数字化设计与智能制造导师团”结合第十五届全国大学生机器人大赛开展专业技能指导。素质团着眼于学生职业素养拓展，从职业价值观、通用职业素养和职业身心健康等进行指导。比如，易班导师团整合校内外优势资源，自主研发了多款基于思想政治、教育教学、生活服务、文化娱乐的校园 APP，开展了线上线下深度融合的主题教育实践活动。在师生辅导关系确定上，借鉴校选课的方式，通过学校选课系统实行师生双向选择的方式确定，使供给和需求形成新的平衡，实现思想政治教育成效最大化。

三是创新协同方式。在育人协同过程中，注重整合校内校外资源要素，融通课内课外教育教学，串联线上线下育人载体，推动导师团工作开展与创新创业、科学研究、社会服务、校企合作、社会实践、技术技能竞赛等有机结合。比如，珠宝专业的“宝石合成优化处理团”引进了三家珠宝公司专业人员参与指导；油菜花新媒体工作室则通过校地共建，实现线上线下互联互通，多个作品被团中央转发，教育影响广泛，工作室成为全国共青团新媒体运营中心合作单位，承担团中央多个委托项目。这种“师徒式”“传帮带”的方式，形成“团长带团员、导师带学生、学校带地方、上一级学生带下一级学生、专业基础强的学生带专业基础弱的学生”的梯次指导模式，有效开拓学生视野，提高参与热情，达到合作学习、自主学习、探究学习的目的，也实现了导师、学生的共同成长。

三、主要成效及经验

“两平台一机制”实施以来，学校思想政治工作成效显著，整体水平不断提升，为学校科学办学和学生健康成才提供了有效保障。

（一）顶层设计完善，体制机制不断健全

针对学生群体呈现的招生多元、结构多元、思想多元和需求多元等特征，以完善党建工作责任制、党建思政工作考评、基层党组织书记述职和学生思政教育精细化制度为抓手，完善横向到边、纵向到底的责任机制，把思想政治工作贯穿教育教学全过程。实现思政工作的宏观指导与目标管理，有效调动了院系开展思想政治工作的主动性、积极性和创造性。2014 年学校“三全育人”工作成果荣获福建省高等职业教育教学成果奖特等奖，并写入国家教育部门《2015 中国职业教育质量年度报告》“育人文化”工作案例。2017 年 7 月 5 日，时任省委常委、宣传部部长高翔同志听取学校党委思政工作汇报，给予高度肯定并指示宣传部门和福建电视台等媒体关注报道。

（二）基层活力迸发，思政工作提质增效

开展院系党建思政考核评比和单项工作评奖，在院系培育典型项目、特色项目，促进征兵、义务献血、就业、精准扶贫、社会实践等方面工